George Seibert, Benjamin Scroder Schneck

**Die Zerstörung der Stadt Chambersburg durch die Rebellen am 30. Juli 1864**

Nach persönlicher Erkundigung an Ort und Stelle, sowie nach den veröffentlichten Berichten des Augenzeugen Dr. B. S. Schneck

George Seibert, Benjamin Scroder Schneck

**Die Zerstörung der Stadt Chambersburg durch die Rebellen am 30. Juli 1864**
*Nach persönlicher Erkundigung an Ort und Stelle, sowie nach den veröffentlichten Berichten des Augenzeugen Dr. B. S. Schneck*

ISBN/EAN: 9783743448643

Hergestellt in Europa, USA, Kanada, Australien, Japan

Cover: Foto ©ninafisch / pixelio.de

Manufactured and distributed by brebook publishing software (www.brebook.com)

George Seibert, Benjamin Scroder Schneck

**Die Zerstörung der Stadt Chambersburg durch die Rebellen am 30. juli 1864**

# Karte des abgebrannten Theils der Stadt Chambersburg in Pennsylvanien,

## Auf Befehl des General Early, am 30. Juli, 1864.

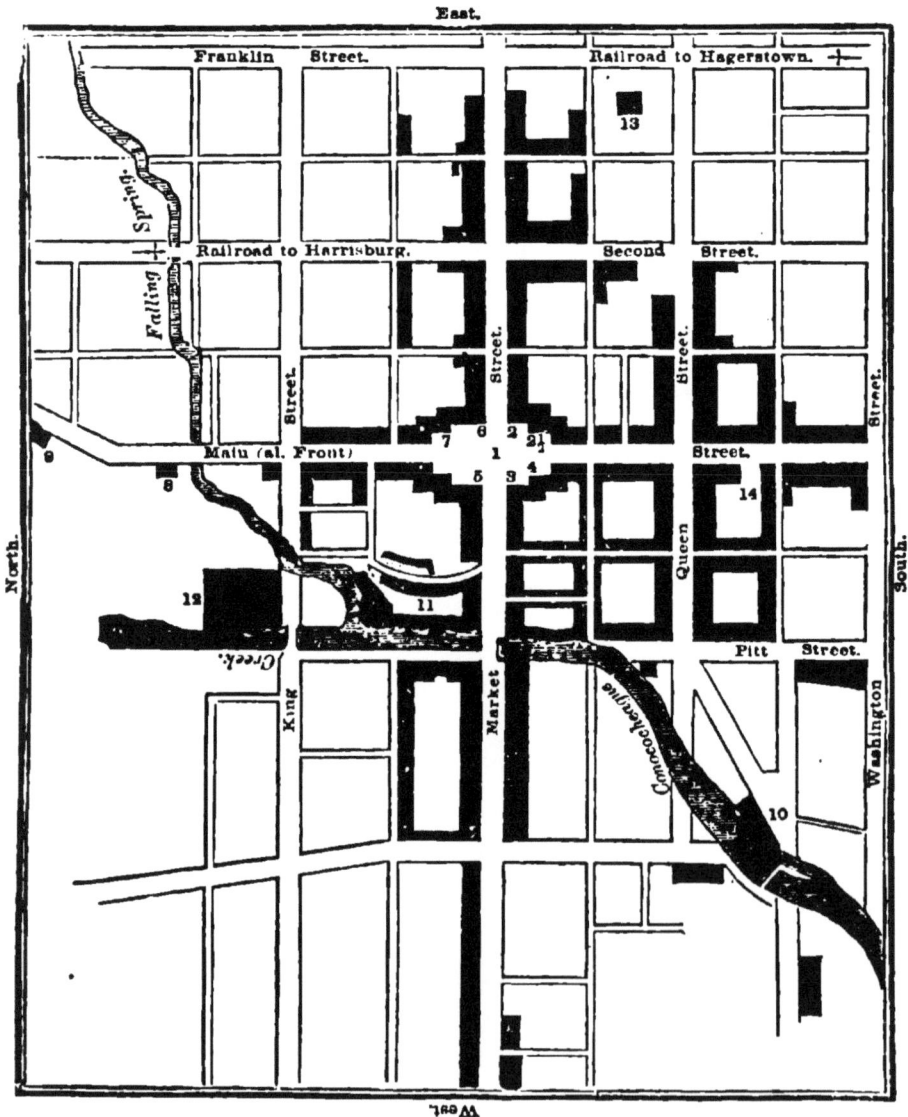

1. Diamond or Square.
2. Mansion House (Publication Office Ger. Ref. Church.)
2½. Etter and Hamilton.
3. Franklin Hotel.
4. Bank
5. Noel's.
6. Courthouse.
7. Town Hall.
8. B. Chambers.
9. Col. McClure.
10. Edgetool Factory.
11. Town Mills, Tannery and Paper-Mill.
12. Paper-Mill and Brewery.
13. Academy.
14. Dr. Fisher, &c. (Four houses on Main Street not burnt.)

Die

# Zerstörung der Stadt Chambersburg

durch die Rebellen

am 30. Juli 1864.

\*

Nach persönlicher Erkundigung an Ort und Stelle, sowie nach
den veröffentlichten Berichten des Augenzeugen
Dr. B. S. Schneck.

\*

Historisch treu dargestellt von

## Dr. George Seibert,

Pastor zu Newark, New Jersey.

Zweite vermehrte Auflage, enthaltend: Ein Namensverzeichniß der
Betroffenen.

**Philadelphia, Pa.**
Zu haben bei J. Kohler, No. 202 Nord Vierte Straße.
1865.

**An Rev. Dr. B. S. Schneck in Chambersburg.**

Da ist nun, verehrter Freund, die Erfüllung meines Versprechens. Obgleich ich schon in Dr. Schaff's „Evangelischen Zeugnissen" eine Skizze über die Zerstörung Chambersburgs mitgetheilt hatte, obwohl mir mein Doppelamt als Pastor und Lehrer nur wenig freie Zeit übrig ließ: habe ich mich doch durch Ihre Bitte bestimmen lassen, die Geschichte des Unglückstages und dessen, was drum und dran hängt, noch einmal zu schreiben. Daß die Anhänglichkeit an die Stadt, in der ich einst selbst wohnte und als Pastor wirkte, mir es erleichterte, das schon einmal Gethane noch einmal zu thun, werden Sie glauben. Daß Liebe zu den guten Einwohnern, unter denen ich treffliche Freunde habe, mir bei meiner Darstellung die Feder führte, werden Sie leicht sehen.

Was ich Ihnen hiermit biete, ist eine durchaus **selbständige Darstellung**. Gern habe ich Ihr englisches Büchlein in Betreff des Stoffes zu Rathe gezogen, doch bewegte ich mich am liebsten frei in Bezug auf die Form. Auch von meiner früher gedruckten Skizze ist diese Schrift unabhängig. Was ich dort gab, war eben nur eine „Skizze," hier gebe ich eine zusammenhängende historische Darstellung und, wie ich glaube, etwas Besseres und Gediegeneres. Sind kleine Differenzen zwischen beiden Berichten vorhanden, so kann der sinnige Leser daraus lernen, warum auch zwischen den heil. Evangelien, bei aller Uebereinstimmung im Großen und Ganzen, Differenzen im Einzelnen vorhanden sind.

Ich reiche Ihnen, verehrter Freund, diese Schrift statt Silbers und Goldes als **meine Gabe**. Dabei habe ich nur **eine** Bitte: Sit ut est, aut non sit. Jeder Vogel singt, sagt man, wie ihm der Schnabel gewachsen ist, und jeder Mensch schreibt halt, wie's ihm geläufig ist. Le style c'est l'homme. Wie auch immer meine Darstellung sein mag, ich bitte, lassen Sie die Scheere weg und streichen Sie nichts.*) Zu der Bitte füge ich den herzlichen Wunsch, daß der Herr, der Sie so schwer heimgesucht hat, Ihnen und Ihrer edlen Gattin einen Lebensabend verleihen möge, der eben so helle und lieblich ist, wie es der Morgen war. Möge die lichte Aussicht auf eine noch viel schönere Wohnung in unseres Vaters Hause Ihnen beiden den Verlust Ihrer schönen Wohnung auf Erden verwinden helfen.

Mit dieser Bitte und diesem Wunsche bleibe ich in herzlicher Theilnahme

Ihr Freund

Newark, den 30. Nov. 1864.     G. Seibert.

---

*) Ist leider nicht erfüllt, wie ich nach Vollendung des Drucks sehe. Ganze Seiten sind, um Raum zu ersparen, gestrichen, und meine Darstellung dadurch wesentlich beeinträchtigt.   S.

## 1. Die Stadt Chambersburg vor dem Brande.

Der Staat Pennsylvanien ist reich an schönen und gewerbreichen Landstädten. Sie sind die Lebens- und Verkehrsmittelpunkte für die umwohnende, auf den einzelnen Farmen zerstreut liegende, ackerbautreibende Bevölkerung. Dorthin bringt der Farmer den Ertrag seiner Felder zum Verkauf, dort holt er die Lebensbedürfnisse, die Acker und Garten ihm nicht bieten, von dort empfängt er die Tagesneuigkeiten, dort fungirt er als Geschworner, dorthin geht er zur politischen Versammlung. Die Hauptstadt des County vermittelt dem einsam gelegenen Farmer den Verkehr mit dem Leben der Nation im Großen: was das Herz für seinen Leib, das ist die „Stadt" für sein Leben. Wie alles Blut zum Herzen hinströmt, und von da als dem Lebensmittelpunkt wieder sich in alle Theile des Körpers ergießt: so strömt der Lebensertrag des Farmers einerseits zur Stadt hin, und sein Lebensbedarf andrerseits auch von der Stadt her.

Chambersburg war vor dem 30. Juli 1864 eine der schönsten und freundlichsten Städte Pennsylvaniens. In dem fruchtbaren und reichen Cumberlandthale, das sich zwischen zwei parallel von Norden nach Süden laufenden Bergketten, westlichen Ausläufern der Alleghanies, vom Susquehannah im Norden nach dem Potomacflusse im Süden hinzieht, und sich jenseits des letzteren Flusses in Virginien fortsetzt, war Chambersburg eine der südlichsten pennsylvanischen Städte, nur etwa 12 englische Meilen von der Grenze von Maryland und, da dieses sehr schmal ist, nur etwa 25 Meilen vom Potomac und der Grenze des Rebellenthums entfernt. Von Harrisburg am Susquehannah führt eine Eisenbahn in gerader Richtung nach Süden, mitten durch's schöne Cumberlandthal hindurch, die den Wanderer durch Mechanicsburg, Carlisle, Shippensburg und andre Landstädte in 3 Stunden nach Chambersburg bringt. Wer Zeit hat weiter zu fahren, kann in einer Stunde durch Greencastle hindurch nach Hagerstown in Maryland gelangen, von wo aus er die Höhen des South-Mountain im Osten und das Schlachtfeld von Antietam im Süden vor sich sieht. — Chambersburg ist jetzt gerade vor hundert Jahren, im Jahre 1764, gegründet worden. Die ersten Anbauer waren drei Brüder Chambers, die von Irland in die neue Welt ausgewandert waren. Sie waren aber nicht Iren, sondern Schotten von Herkunft. In die von der englischen Krone confiscirte Grafschaft eines rebellischen Großen waren ihre Vorfahren einst von Hochschottland her eingewandert. Unter den drei Brüdern zeichnete sich der Colonel Benjamin Chambers aus. Er war ein frommer und tapferer Mann zugleich. Ein's der ersten Gebäude, die er errichtete, war eine Kirche, Falling Spring Church geheißen; im Kampf mit den umwohnenden Wilden leistete er den ersten Ansiedlern als Führer wichtige Dienste. Auch die Wahl des Ortes für die ihm zu Ehren benannte Stadt zeugt von dem gesunden Urtheil des Mannes. Ein klarer und tiefer Bach, dem, weil er aus Kalkfelsen sich nährt, auch im heißesten Sommer das Wasser nicht mangelt, kommt von den östlichen Bergen und macht mitten in der Ebene des Cumberlandthales eine Biegung nach Süden, um im Verein mit andern Bächen den Potomac zu erreichen. In dieser Biegung hat der Bach starken Fall, der der Anlage von Mühlen und Fabriken günstig ist. Und gerade in diese Biegung des Baches haben vor hundert Jahren jene von Colonel Chambers geführten Ansiedler die Stadt hineingebaut, die hundert Jahre später ein Jubiläum mit Jammern und Wehklagen feierte: Chambersburg. Die Stadt hatte vor der Zerstörung etwa 6000 Einwohner. Viele davon waren noch zuletzt, die meisten waren ihrer Abstammung nach Deutsche. Auf die erste Ansiedelung der schottisch-irischen Einwanderer war nach Beendigung des Unabhängigkeitskrieges ein starker Zudrang deutscher Einwanderer gefolgt. Auch die schönen Farmen ringsum sind meist im Besitz von Leuten, in deren Adern deutsches Blut fließt. Zwei rein deutsche Gemeinden und eine rein deutsche Volksschule bestanden bis zum Brande in Chambersburg: ein Beweis, daß das deutsche Element dort noch ziemlich stark vertreten war. Die Stadt war nicht blos zweckmäßig angelegt, sondern auch sehr schön gebaut und eingerichtet. Den Mittelpunkt bildete ein großer, freier, quadratförmig ausgelegter Platz, (diamond), den die Hauptstraße (Main Street) von Norden nach Süden, eine andere Straße von Westen nach Osten zu durchschnitt. Alle andern Straßen liefen mit einer von diesen beiden parallel. Im Mittelpunkt der Stadt, um den großen Marktplatz herum, standen die schönsten Gebäude der Stadt: das Courthaus, die große Druckerei der deutschreformirten Kirche, ein erst kürzlich verschönertes großartiges Gebäude im Werthe von 40,000 Dollar; ihnen gegenüber das Bankgebäude und das Franklinhotel; außerdem große und schöne Kaufhäuser. Handel und Verkehr drängte sich namentlich in die die Stadt der ganzen Länge nach durchschneidende Mainstreet zusammen; dort waren die Hauptkaufläden und Handelshäuser, dort wohnten die ersten und wohlhabendsten Leute, dort reihte sich Laden an Laden, dort war der regste Verkehr: die Straße war kurz gesagt die große Pulsader des Chambersburger Lebens. Wie in dieser Straße der Kaufmannsstand, so war in der sie durchschneidenden von Westen nach Osten laufenden Straße hauptsächlich der Gelehrtenstand vertreten. Da wohnten dem Courthaus gegenüber die Advocaten und Rechtsgelehrten, die, weil die Stadt Haupt- und Gerichtsstadt von Franklin County war, zahlreich vertreten waren. Die ganze Stadt mit ihren regelmäßigen, weiten Straßen und ihren hübschen Backsteinhäusern, vor denen sich breite Trottoire (pavements) hinzogen, gewährte einen angenehmen und freundlichen Anblick. Daß in ihr Wohlstand und Glück, nicht Armuth und Elend herrschte, davon konnte sich der Besucher alsbald überzeugen. Und daß man in ihr nicht blos an Erwerb und Gewinn irdischer Güter, sondern auch an die ewige Zukunft unsterblicher Seelen dachte, davon zeugten schon die verhältnißmäßig zahlreichen Kirchengebäude, deren Thurmspitzen bedeutungsvoll von dieser Erde gen Himmel, aus dem Lande des Elendes zum Lande der Herrlichkeit hinwiesen. Unter diesen Kirchen zeichnen sich die reformirte, die lutherische und die presbyterische durch Größe und Schönheit aus. Die erstere liegt am äußersten Südende, die letztere am äußersten Nordende der Stadt. Diese Gotteshäuser, wie alle andern bis auf zwei, sind erhalten, während die Handels- und Gewerbshäuser, die zwischen beiden liegen, in Trümmer und Asche gesunken sind. Ist es nicht, als sollten sie auf der Stätte der Zerstörung dastehen als sichtbare Wahrzeichen von dem Reiche, das da ewiglich bleibet, ob auch diese irdische Welt mit all ihrer Herrlichkeit in Trümmer sinkt? Ist es nicht, als sollten die unversehrt gebliebenen Kirchen den Armen, die alles irdische Gut verloren haben, Zeugniß geben von dem „unvergänglichen und unbefleckten und unverwelklichen Erbe, das behalten wird im Himmel?" Ja, diese auf den Trümmern einer jählings zerstörten Stadt noch unversehrt dastehenden Kirchen predigen den Chambersburgern, die Ohren haben zu hören und Sinn, zu verstehen, laut und deutlich das Wort:

> Bleibt bei Dem, der einzig bleibet,
> Wenn auch Alles untergeht,
> Der, wenn Alles auch zerstäubet,
> Siegend über'm Staube steht.
>
> Bleibt bei Ihm, der einzig bleibet
> Und der geben kann, was bleibt,
> Der, wenn ihr euch ihm verschreibet,
> Euch in's Buch des Lebens schreibt.

---

## 2. Chambersburg, schon früher von den Rebellen heimgesucht, und doch unbeschützt.

Dies war nicht das erste Mal, daß die Rebellen in Chambersburg erschienen. Zweimal sind sie zuvor da gewesen und haben die Stadt in Besitz gehabt, schon zweimal zuvor hatten die Bürger der Stadt Gelegenheit, die nähere Bekanntschaft der Cavaliere des Südens zu machen und zu fühlen, was es heißt, den Landesfeind im Lande, in der Stadt, am häuslichen Herde zu haben. Das erste Mal waren die Rebellen in Chambersburg im Herbste 1862, als der Reitergeneral Stuart seinen berühmten Streifzug nach Pennsylvanien machte. Zum zweiten Mal waren sie da

im Sommer des vorigen Jahres (1863), als Lee mit der ganzen
Rebellenarmee den Potamac überschritten hatte und durch Maryland nach Pennsylvanien hinauf gezogen war, um auf dem Boden
der Union dem Volk des Nordens den Todesstreich zu versetzen.
Während die Hauptmacht der Rebellen von Chambersburg aus
ostwärts nach Gettysburg zu gezogen war und an den Höhen von
Gettysburg mit furchtbaren Verlusten zurückgeschlagen wurde,
hielt eine Abtheilung der Rebellen Chambersburg fortwährend
besetzt und ließ die Einwohner fühlen, daß, wo die Gewalt das
Recht hat, das Recht keine Gewalt hat.

Beide Male hat Chambersburg schwer gelitten. Die Läden
wurden, so weit sie nicht vorher geleert waren, von den Rebellen
geplündert und auch an den Bewohnern allerlei Unbill verübt.
Doch waren diese beiden Besuche nur Kinderspiel, nur Freund-
schaftsvisiten im Vergleich mit dem, was am 30. Juli 1864 geschah. Der erste Besuch war auch der gelindeste, jeder folgende
ist härter, herber und verderbenbringender gewesen; so daß diese
drei Besuche eine Klimax vom Schrecklichen zum immer Schreck-
licheren bilden. Am besten kamen die Chambersburger bei dem
Besuche Stuart's davon. Der hatte Eile, weil er fürchten mußte,
daß ihm die Unseren den Rückweg verlegen würden. Darum
blieb er mit seinen Reitern nur sehr kurze Zeit, nahm Pferde und
aus den Läden Schuhe, Stiefel, Hüte und Kleider weg und eilte
dann mit seiner Beute davon. Keinem Bürger geschah ein Leid,
keine Brandschatzungssumme wurde gefordert und erpreßt, kein
Privathaus, keine Scheune, kein Stall wurde in Brand gesteckt.
Nur die Bahnhofsgebäude wurden zerstört. Damals waren die
Rebellen wehrlosen Bürgern gegenüber noch manierlich und
menschlich. Stuart, dem die Fama nachrühmt, daß er von
Schottland's alten Königen abstammte, hatte etwas Nobles und
Hochherziges in seinem Wesen: vielleicht war es sein Verdienst,
daß die Rebellen unter ihm nicht ärger hausten, vielleicht aber
war's auch nur, weil ihre Erbitterung noch nicht so groß und die
ihnen zugemessene Zeit so klein war. Stuart, der große, starke
und schöne Mann, ist mittlerweile im Kampf mit unserm tapfern

General Philipp Sheridan, mitten in der Blüthe seines Lebens, gefallen und mag, wenn er kann, sich jetzt darüber freuen, daß er der letzten Greuel Urheber nicht geworden ist.

Härteres erfuhr und erlitt Chambersburg bei dem zweiten Besuch der Rebellen während des Sommers 1863. Länger als drei Wochen blieben sie dieses Mal und fühlten sich im Besitze der Stadt ganz sicher. Was sie nur gebrauchen konnten aus Läden und Ställen, nahmen sie ohne Umstände weg. Vorüberziehende Rebellen sprangen aus den Reihen heraus, rissen den etwa am Weg stehenden und zuschauenden Bürgern die Hüte vom Kopf, setzten sie auf und zogen unter Hohnlachen davon. Zwar sollte ein Profoßmarschall Ordnung halten und die Plünderung der Privathäuser und Privatpersonen verhüten: dennoch wurden einzelne brutale Gewaltthaten verübt. Unter Anderen wurde ein deutscher Farmer, Namens Streit, der in der Nähe der Stadt auf dem Lande wohnte, von zwei halbbetrunkenen Rebellen umgebracht, weil er erklärt hatte, er habe kein Geld, und Herr Dr. Schneck, dessen schönes Wohnhaus mit Allem, was es an Möbeln, Bildern, Büchern und Hausrath enthielt, diesmal gänzlich zerstört ist, wurde schon damals auf seinem in der unmittelbaren Nähe der Stadt gelegenen Felde von zwei Rebellensoldaten angefallen und, indem man ihm die blanken Bajonette entgegen hielt und ihn mit augenblicklichem Tode bedrohte, erst seiner kostbaren goldenen Uhr und dann seiner allen Baarvorrath an Geld enthaltenden Brieftasche beraubt.*) Andere Bürger erlitten Aehnliches. Wurden doch manchen Männern die Schuhe von den Füßen und die Kleider vom Leibe gezogen! Dennoch — ihre Obdächer, ihre nothwendigen Lebensbedürfnisse behielten die Leute. Die Rebellen dachten auch dies Mal nicht daran, die ganze Stadt einzuäschern. Das sollte einem dritten Besuche aufbehalten bleiben.

Da nun, wie aus dem Obigen erhellt, das Cumberlandthal,

---

*) Näheres hierüber hat der Schreiber dieses in Schaff's Evangel. Zeugnissen, die bei J. Kohler in Philad. erscheinen, im Januar- und Februar-Heft des Jahrgangs 1864 mitgetheilt, wo es der geneigte Leser finden kann.

## Die Zerstörung der Stadt Chambersburg.

in welchem Chambersburg liegt, schon mehrere Male von den Rebellen heimgesucht war; da das Thal seines Reichthums wegen für die Rebellen stets besondere Anziehungskraft hatte und haben mußte: so hätte man mit Recht erwarten sollen, daß zum Schutze dieses Thales und zum Schutze der Stadt Chambersburg besondere Vorsichtsmaßregeln getroffen worden wären. Daß solches geschehen sei, scheinen auch alle Jene vorausgesetzt zu haben, die bei der Kunde von der Zerstörung Chambersburgs ausriefen: „Warum haben die Bürger sich nicht gewehrt? Warum haben sie sich so ruhig die Häuser über'm Kopfe anstecken lassen? Sind doch die Rebellen kaum 200 Mann stark gewesen!" — Die Wahrheit aber ist, daß die Stadt völlig wehrlos und in keiner Weise im Stande war, sich selbst vor dem Untergang zu bewahren.

Folgende durchaus zuverlässige Angaben mögen die Lage der Stadt zur Zeit des letzten Einfalls in's rechte Licht setzen. Gen. Couch, der Befehlshaber im Departement des Susquehanna, zu welch letzterem auch das Cumberlandthal gehört, hatte dermalen unter seinem Befehle stehend — eine ganze Compagnie von etwa 100 Mann, die 16 Meilen weit ab, am sogenannten Corner bei Mercersburg stand, und außerdem eine kleine Artillerieabtheilung, die in Chambersburg postirt war. Einige pennsylvanische Regimenter, die durch den wachsamen und umsichtigen Gouverneur Curtin zur Vertheidigung der Grenze in's Leben gerufen waren, waren kurz vorher durch höheren Befehl nach Washington und zur Potomacarmee gerufen worden. Also man merke: Eine ganze Compagnie und zwei ganze Kanonen waren die ganze im Cumberlandthale stehende Heeresmacht der Vereinigten Staaten!

„Aber war nicht unser General Averill mit seiner Reiterei nahe genug, um die Zerstörung der Stadt zu verhindern? Und wenn so, warum hat ihn General Couch nicht bei Zeiten von der bedrohten Lage Chambersburg's in Kenntniß gesetzt und zu Hülfe gerufen?" In der Nacht, welche dem verhängnißvollen 30. Juli voraufging, lag Averill mit seiner Reiterei eine Meile von Greencastle, 10 Meilen von Chambersburg entfernt in einem Walde und rastete von den Strapazen voriger Tage. In Westvirginien hatte er harte Arbeit gehabt. Die Zahl seiner Reiter betrug nicht ganz 2500 Mann, aber diese Mannschaft war erschöpft von den unaufhörlichen langen Märschen, und ihre Pferde waren gleichfalls erschöpft, abgezehrt, ermattet, und viele von ihnen bereits vom nahenden Tode gezeichnet. Mußten doch 250, die nicht weiter konnten, zurückgelassen werden, wo sie waren! Die Macht der Rebellen betrug nicht, wie die Lügenberichte der New Yorker Blätter angeben, 250: sie betrug, wie jetzt constatirt ist, volle 3831 Mann, von denen freilich nur die letzten 831 in die Stadt einrückten und das Werk der Zerstörung vollbrachten, von denen aber der starke Rest von 3000 Mann während dessen auf den westlichen, die Stadt beherrschenden Höhen stand, jeden Augenblick bereit, mit seinen Kanonen zum höllischen Werk der Plünderung und Zerstörung in der Stadt von außenher aufzuspielen. Nicht viel größer, als diese, Chambersburg in ihrer völligen Gewalt habende Rebellenmacht war bekanntlich das Corps, welches vor Jahresfrist unter dem einbeinigen General Ewell Winchester erstürmte, Milroy's ganze Macht in die Flucht schlug und diesen Mann zwang in der Schnelligkeit seines Pferdes sein Heil zu suchen. Gesetzt nun auch, Averill wäre noch rechtzeitig vor der Zerstörung der Stadt herbeigekommen: so wäre es bei dem Zustande seiner Truppen und bei der Wuth, Raub-, Plünderungs- und Zerstörungslust der Rebellen immer noch zweifelhaft gewesen, ob er die Stadt hätte retten können. Denn die Feinde waren auserlesene Truppen und mit Artillerie wohl versehen, während Averill daran Mangel hatte. Im besten Falle läßt es sich als möglich denken, daß, wenn Averill vor den Rebellen in die Stadt gekommen wäre, er sie mit Hülfe der Bürger, — die gewiß zu ihrer Vertheidigung das Aeußerste gethan haben würden, wenn sie irgend eine Aussicht auf Erfolg gehabt hätten — hätte behaupten und damit retten können. Das ist aber auch Alles, was gesagt werden kann. Die Urtheile der Besonnensten und Einsichtsvollsten stimmen darin überein. So urtheilt Dr. Schneck, so urtheilt Oberst McClure von Chambersburg, so urtheilen Alle, die eine wirkliche Einsicht in die Lage der Dinge haben.

### Die Zerstörung der Stadt Chambersburg.

„Aber warum kam denn Averill nicht den Feinden zuvor und versuchte wenigstens das Aeußerste, die Stadt zu retten." — Obwohl Averill nicht unter General Couch, sondern unter Gen. Hunter stand und nur von Letzterem Befehle anzunehmen hatte, so sandte doch General Couch, sobald er mit Sicherheit wußte, daß die Rebellen über Mercersburg her von Westen herannahten, Eilbote auf Eilbote an General Averill ab und ersuchte ihn dringend, sich zum Schutze der bedrohten Stadt Chambersburg alsbald aufzumachen. Die zwei ersten Boten fanden General Averill nicht, einem dritten aber gelang es endlich nach vielem vergeblichen Suchen den General zu finden. Es war bereits nach Mitternacht; die erste Stunde des Tages, der Chambersburgs Zerstörung sehen sollte, lief schon ab. Der General lag an einen Baum gelehnt und schlief. Er, wie seine Reiter, die rings umher lagen, waren todmüde. Der Bote weckt ihn und richtet seine Botschaft aus. Der General sieht, daß ihn die geschwinderen Feinde überflügelt haben und ihm in den Rücken gekommen sind; er macht seinem Aerger in Gegenwart des Boten Luft; verspricht aber, **sobald als möglich** zu kommen.

Und General Averill kam wirklich, **aber erst am Nachmittage des folgenden Tages gegen 3 Uhr**, als die Stadt Chambersburg zum Theil — schon in Asche lag, zum Theil noch in Flammen stand. Der Ort, wo er in letzter Nacht gerastet, war von Chambersburg nur 10 Meilen entfernt, der General hätte also, wenn er sich alsbald aufgemacht und den geraden, nordwärts führenden Weg nach Chambersburg eingeschlagen hätte, in zwei guten Stunden in Chambersburg sein können. Aber zum sofortigen, eiligen Aufbruch mochten dem General Pferde und Mannschaft zu erschöpft scheinen; andrerseits aber hatte er keine Gewißheit darüber, daß die von Greencastle gerade nach Chambersburg führende Straße noch unbesetzt sei. Wie, wenn die Feinde nicht blos im Westen der Stadt standen, sondern sie auch von der Südseite her eingeschlossen hielten? In diesem Falle hatte Averill, wenn er in gerader Richtung nach Norden zog, einen Feind vor sich und einen Feind hinter sich. Denn außer

McCauslands Corps waren gleichzeitig noch zwei andere Rebellencorps über den Potomac gegangen und rückten nach Norden vor. Um also nicht zwischen zwei Feuer zu kommen, wählte Averill nicht den geraden, nur 10 Meilen langen Weg nach Chambersburg, sondern wandte sich, um, wie er meinte, erst zwischen den zwei Feuern herauszukommen, zunächst nach Osten, gleich als denke er gar nicht daran, das in nördlicher Richtung gelegene Chambersburg zu erreichen, und kam dann endlich auf einem großen und weiten Umwege von Osten her nach Chambersburg — als es zu spät war. Ja es war nun, Nachmittags gegen 3 Uhr, zu spät. Das Schreckliche war geschehen: die Stadt war geplündert und stand in Flammen. Ein herzzerreißender Anblick bot sich den Kriegern Averill's dar, als sie zur brennenden Stadt hereinritten. Sie waren an Schreckliches gewohnt, aber solch eine Scene, wie sich jetzt ihnen darbot, hatten sie noch nicht gesehen. Was half es aber jetzt, daß sie beim Anblick des Entsetzlichen, das geschehen, vor Wuth laut aufschrieen und wie mit Einer Stimme riefen: „Auf, hinter den Mordbrennern her; sie müssen noch heute zur Hölle fahren" —! Was half es, daß sie ihre müden Thiere auf's Neue anspornten und auf der Chaussee nach McConnelsburg, die nach Westen führt, dahinsausten, wie der Sturmwind, um an die Feinde zu kommen? Zur Rettung der unglücklichen Stadt war es ein für allemal zu spät. Und auch die beste Züchtigung der Feinde konnte den Obdachlosen ihre Wohnungen nicht wiedergeben.

Der einsichtsvolle Leser wird aus dem Dargelegten leicht ersehen, daß wir nicht gewillt sind, von irgend Jemand zu sagen: „Du bist an dem ganzen Unglücke schuld." Gouverneur Curtin hat gethan, was er konnte, um seinen Staat gegen einen Einfall der Rebellen zu schützen. Wiederholt hat er die Regierung in Washington ersucht, ihn zur Aufstellung von Landwehrregimentern zu ermächtigen, nachdem die gesetzgebende Versammlung des Staates selbst, der er vor einem Jahre einen ähnlichen Antrag gestellt hatte, nicht darauf eingegangen war. Auch General Couch hat der Regierung in Washington die Nothwendigkeit einer solchen

Maßregel vorgestellt. Da aber mit dem Gesuch zugleich von der Regierung zu Washington verlangt wurde, die Landwehrmänner selbst mit Waffen und Kleider zu versehen und sie, die doch nur im Dienst Pennsylvaniens stehen und dessen Grenze nicht überschreiten sollten, als im Dienst der Vereinigten Staaten stehend zu enrolliren, damit sie, im Fall sie in Feindes Hände fielen, als Kriegsgefangene behandelt werden möchten; da weiter verlangt wurde, daß diese Landwehrmänner bei der nächsten Aushebung dem Staate angerechnet werden möchten: so ging der Kriegsminister nicht darauf ein. Hätte die Gesetzgebung vor Jahresfrist dem Gouverneur die nöthige gesetzliche Gewalt bewilligt, so wäre er nicht genöthigt gewesen, die Ausrüstung der Landwehr von der Regierung in Washington zu verlangen.

Weiter ist es auch wahr, daß General Couch früher schon Truppen, namentlich ein Provostgarde-Regiment von 1200 Mann, ausgerüstet hatte, und daß diese eigens zum Schutz der Grenze bestimmte Mannschaft, als sie kaum eingeübt war, von Washington aus beordert wurde, zur Potomac-Armee unter General Grant zu stoßen. Ja, auch 6 Regimenter sogenannter Hunderttagleute wurden nach Washington weggenommen. Nach den schweren Verlusten in der „Wildniß" bedurfte theils unser Heer dringend Verstärkung, theils war zu Anfang des Juli Washington selbst durch Ewell bedroht. Daher rief die Regierung die Hunderttagleute nach Washington. Es war die Gewalt der Umstände, die sie dazu bestimmte. — Will man sie darob tadeln? General Averill hätte allerdings das Unglück verhüten können, wenn er, wie er konnte, zeitiger gekommen wäre und nicht den weiten Umweg gemacht hätte. Es ist wahr, daß viele der abgebrannten Chambersburger so gedacht haben und noch so denken, und kein Verständiger kann es leugnen, daß Wahrheit in dem Gedanken ist. Aber bedenken wir wohl, daß die Sache an einem „W e n n" hängt; „wenn er zeitiger gekommen wäre," heißt es. In der That, Averill hätte zeitiger in Chambersburg eintreffen können; der gerade Weg nach Norden war ihm n i c h t verlegt. Aber wie konnte der Mann das wissen? Und da er es n i c h t wußte, da das Gegentheil wohl möglich, ja bei der Schlauheit der Rebellen wahrscheinlich war: gebot ihm da nicht die Klugheit, einen Umweg zu wählen? Wir wollen uns daher auch hier nicht anmaßen, den General Averill unbedingt und ohne Weiteres zum Sündenbock zu machen. "General Averill *possibly* might have saved Chambersburg;" bei diesem Urtheil McClure's, welchem Dr. Schneck unbedingt beipflichtet, wird es auch hier sein Bewenden haben müssen.

Wenn aber, wie hier zu sehen ist, geborne C h a m b e r s b u r g e r, die an dem Unglückstage ihre schönen Wohnungen mit Allem, was darinnen war, verloren haben und jählings obdachlos geworden sind, so milde und zurückhaltend und vorsichtig über die urtheilen, welche die Macht, die Stadt zu retten, in den Händen hatten oder doch haben sollten, wie klingt dann dagegen das Geschrei, welches nach dem Brande von den New Yorker Blättern erhoben wurde! Der *Herald* sowohl, wie die *Tribune*, haben die Stirne gehabt, den unglücklichen Bewohnern Chambersburgs zuzurufen: „Euch ist ganz recht geschehen! Warum habt ihr Spießbürger und Memmen euch durch eine Handvoll Rebellen die Stadt über'm Kopfe anstecken lassen? Warum habt ihr sie nicht bei dem Versuch, solches zu thun, wie tolle Hunde todtgeschlagen?" —

Es ist kaum noch ein Wort nöthig, um zu zeigen, wie über alle Maßen u n g e r e c h t, wie h ä ß l i c h und s c h a m l o s n i e d e r t r ä c h t i g dieser Vorwurf ist, den die New Yorker Oeffentlichemeinungsmacher ihren unglücklichen Mitbürgern an der Grenze, gleichsam zum Troste, in's Angesicht geschleudert haben. U n g e r e c h t ist der Vorwurf, weil er auf einer baaren Unwahrheit beruht. Nicht mit einer Handvoll von 250 Rebellen, wie die bezahlten Lügenberichtabstatter sagten, sondern mit einer wehrhaften Macht von 3800 Rebellen hatte es Chambersburg, das kleine unbewaffnete Chambersburg, zu thun. H ä ß l i c h ist der Vorwurf, weil er Unglücklichen, die sich doch auf keinen Fall selbst und muthwillig in dieses Unglück gestürzt haben, gleichsam als Trost und Beileidsgabe dargereicht wird. S c h a m l o s n i e d e r t r ä c h t i g aber ist dieser Vorwurf, weil er von Leuten kommt, die vorigen

Sommer nicht einmal im Stande waren, mit ihren Hunderttausenden von Bürgern einen wilden und wüsten Pöbel zu bändigen, der vor ihren Augen plünderte, Menschen würgte und die Brandfackel sogar an Waisenhäuser legte. Truppen von der Potomac-Armee haben damals, wie wir Alle wissen, nach New York gehen und die Ruhe und Sicherheit herstellen müssen. Und nun kommen dieselben Leute, die sich des Gesindels in ihrer eigenen Mitte, das keine Kanonen hatte, nicht erwehren konnten, her und brechen über Chambersburg den Stab, weil es nicht waffenlos gegen 3800 Rebellen sich wehrte, deren Kanonen vollständig die Stadt beherrschten! Wer hat je eine ähnliche schamlose Niederträchtigkeit erlebt? Noch mehr. Herr Dr. Schneck berichtet uns, daß, als der Vortrab von Lee's Armee (Jenkin's Reiterei) über den Potomac kam, einige Regimenter New Yorker Miliz nach Chambersburg gekommen waren, um die Stadt zu beschützen. Sie waren mit allem Lebensbedarf wohl versehen und wurden von den Bürgern auf's Beste behandelt. Kaum aber hören diese Helden, daß die Rebellen heranrücken, so packen sie eiligst ein und rennen nach dem Bahnhof, um sich in den Cars wieder nach der lieben New Yorker Heimath zu begeben. So groß war die Heimathsehnsucht dieser Leute, daß sie den größten Theil ihres Gepäckes im Stiche ließen und bei ihrem Rückzug nach dem Bahnhof sogar die Bürger zwangen, ihnen als eine Art Arrieregarde den Rücken zu decken. Und das waren New Yorker! Also New Yorker Leute ließen in der Stunde der Gefahr die Bürger von Chambersburg schmachvoll im Stich, und New Yorker Leute wagen es dann nachher zu den im Stich Gelassenen zu sagen: „Warum habt ihr euch nicht gewehrt? Warum seid ihr Memmen?"—Der Krieg mag noch mancherlei Dinge mit sich bringen: ein zweites Beispiel von solcher schamlosen Gemeinheit, wie dieses, wird er schwerlich aufweisen. Man bedenke wohl: Nicht Rebellen waren es, die die Bewohner der zerstörten Stadt so grausam richteten: es waren New Yorker, also Bundes- und Waffengenossen der Pennsylvanier. Und die so von ihren Mitbürgern gerichtet wurden, waren Bewohner einer Stadt, die in früheren Tagen nicht nur bereitwillig ihre

Söhne und ihre Geldmittel zum Krieg hergegeben, sondern auch an vielen Hunderten verwundeter Unionssoldaten, ja auch an verwundeten New Yorkern mit unermüdlichem Eifer die Pflicht christlicher Barmherzigkeit erfüllt hat.

Wahrlich, es war ein herbes und bitteres Geschick, welches die Bewohner von Chambersburg durch Rebellenhände traf, aber daß sie, die Obdachlosen und namenlos Unglücklichen, in ihrem tiefen Elend von New York aus noch solchen Hohn, solche Schmach erfahren mußten, das war gewiß noch bitterer und herber. Große Städte, sagt ein deutscher Schriftsteller, sind meist des Teufels Garküchen. Und in der That, nur in einer Teufels-Garküche konnte die Verhöhnung der Chambersburger nach ihrem Unglück gebraut werden.

### 3. Die Ankunft der Rebellen und die Anzündung der Stadt.

Am Morgen des 29. Juli kam die Nachricht nach Chambersburg, daß die Rebellen in drei verschiedenen Heerhaufen den Potomac überschritten hätten und nach Pennsylvanien im Anzuge begriffen seien. Seit dem ersten Juli waren bereits mehrfache drohende Gerüchte vom Herannahen der Rebellen gekommen, und die Kaufleute hatten eiligst ihre werthvollsten Waaren eingepackt und versandt; doch war die Gefahr an Chambersburg noch immer vorübergegangen und der Schreck „umsonst" gewesen; diesmal aber nahm die Sache eine andere, ernstere und drohendere Gestalt an. Die Nachricht war völlig zuverlässig, daß in frühester Frühe eben dieses 29. Juli, eines Freitags, Rebellen-Infanterie und Artillerie bei Shepherdstown in Maryland eingedrungen sei und die Richtung nach dem am Ostfuße des South Mountain gelegenen Leitersburg eingeschlagen habe; daß eine zweite Abtheilung von Williamsport her, theils direkt nach Hagerstown, theils an Hagerstown vorbei, auf Greencastle, die erste, auf pennsylvanischem Boden gelegene Stadt, vorrücke; und daß endlich eine dritte Abtheilung, aus auserlesener Reiterei und 6 Kanonen bestehend, den

### Die Zerstörung der Stadt Chambersburg.

Potomac bei Clear Spring überschritten habe und über den Cornerpaß nach Mercersburg vordringe. Die Rebellen wollten offenbar die Unsrigen über das wahre Ziel ihrer Bewegung täuschen, darum rückten sie zu gleicher Zeit in drei verschiedenen Abtheilungen vor. Daß sie es aber diesmal namentlich, wenn nicht ausschließlich, auf Chambersburg abgesehen hatten, darüber blieb den unglücklichen Bewohnern dieser Stadt kein Zweifel mehr übrig, sobald sie erfuhren, daß zwei Heersäulen des Feindes — die auf Greencastle und die auf Mercersburg vordringende — solche Richtungen eingeschlagen hatten, daß sie bei weiterem Vordringen, die eine von Süden, die andere von Westen her, vor Chambersburg zusammentreffen mußten. Die Folge hat bewiesen, daß die über den Cornerpaß vordringende Reiterei der Rebellen die Hauptrolle bei diesem Einfall zu spielen hatte und daß die beiden andern Abtheilungen nur dazu bestimmt waren, die wahre Absicht der Rebellen zu verbergen, die Stärke der Eindringlinge als eine überaus große erscheinen zu lassen und möglicher Weise die Aufmerksamkeit der Unsrigen, sowie deren etwaige Streitkräfte zu zersplittern und von dem wahren Ziel der Bewegung abzulenken. Die über den Cornerpaß vorrückende Reiterei bestand aus den Brigaden Johnson und McCausland und zählte mehr als 3000 Mann. Sie führte 6 Kanonen mit sich. Am Gebirgspasse des Corner, über den sie von Clear Spring her in's Cumberlandthal eindrang, traf sie auf einen Wachtposten von 45 Unionssoldaten, die Leute von der regulären Armee waren und von Lieutenant McLean commandirt wurden. Natürlich konnte dieses schwache Häuflein dem Anprall der Rebellen nicht widerstehen; fechtend, das heißt: an jedem gelegenen Punkt ihre Stutzbüchsen auf die nachrückenden Feinde abfeuernd und hin und wieder einen Rebellensattel leerend, zogen sie sich erst auf Mercersburg und dann über St. Thomas, das auch Campbellstown genannt wird, nach Chambersburg zurück. Noch desselbigen Tages, Abends um 10 Uhr, kam ein von McLean gesandter Eilbote von Westen her zu Chambersburg hereingesprengt, der die positive Nachricht von dem Heranrücken des Rebellenheeres den ängstlich harrenden Einwohnern überbrachte.

Schrecken und Bestürzung verbreitete sich in der Stadt. Es galt nun, den Händen der räuberischen Feinde noch so viel zu entziehen, wie möglich, und zu dem Zweck das Einrücken der Rebellen in die Stadt selbst möglichst lange aufzuhalten. Zu Letzterem entschloß sich ein Offizier von General Couch's Stab. Er nahm die Handvoll der in der Stadt stationirten Soldaten und die vorhandene Kanone und pflanzte letztere auf der im Westen der Stadt liegenden Hügelkette auf.

Es war eine schreckliche Nacht; wohl kein Bewohner Chambersburg's, der etwas zu verlieren und zu riskiren hatte, hat in ihr ein Auge zugethan. Langsam ging eine Stunde nach der andern hin. Noch war kein Feind in der Stadt; noch hielt auf der westlichen Höhe der inzwischen durch McLean's Häuflein verstärkte Offizier mit seiner Kanone. Zum Glück für ihn lagerte sich ein dichter Nebel auf Feld und Flur, der dem Feind seine Schwäche und Stellung verhüllte. Als nun bei kaum grauendem Morgen in diesem Nebel ein Haufe Rebellen-Reiterei auf der Chaussee dahergeritten kam, da sandte ihm unser Lieutenant mit seiner Kanone einen Morgengruß entgegen, der einen Rebellen in Stücke und fünf andere vom Pferde riß. Der Feind stutzte und machte Halt, natürlich sah er nicht, welche geringe Macht ihm gegenüberstand, der dichte Nebel verbarg ihm Alles; ein zweiter und dritter Kanonenschuß erfolgt und zeigt ihm wenigstens, daß er bewaffnete Gegner gegenüber hat. Er hält es daher für gerathener, bis gegen den Anbruch des Tages Halt zu machen. Das geschieht, der Lieutenant hat seine Absicht erreicht, denn die Bepackung des letzten Eisenbahnzuges ist mitlerweile vollendet worden. Der tapfere Lieutenant zieht sich nun nach der Stadt zurück und verläßt nebst dem General Couch in dem eben abgehenden Eisenbahnzuge die Stadt. Kann man es diesen Offizieren übel nehmen, daß, da sie doch einmal keine Macht zur Vertheidigung der Stadt hatten, sie den Weg nach Harrisburg dem Wege nach Richmond oder Andersonville vorzogen? Ich denke, nicht. Sie hatten gethan, was sie konnten, sie hatten die Regierungsvorräthe gerettet, die Stadt selbst aber mußten sie ihrem Schicksal überlassen.

### Die Zerstörung der Stadt Chambersburg.

Ach, und dieses stellte sich bald als ein so herbes, bitteres und schreckenvolles heraus, wie es weder General Couch, der abreiste, noch die ihm betrübt nachsehenden Bewohner der Stadt, die zurückblieben, je erwartet hatten. Gewiß, die Chambersburger, die nun von allen Vertheidigungsmitteln entblößt waren, haben sich zu den Feinden nichts Gutes versehen an jenem Morgen; daß dieselben aber die entsetzliche Absicht hegten, **ihre ganze Stadt mit Allem, was darinnen war, in einen Aschen- und Schutthaufen zu verwandeln**, daran hat wohl kein Mensch in Chambersburg im Ernste gedacht. So etwas war ja in der Geschichte dieses sonst an Gräueln aller Art überreichen Krieges noch nicht vorgekommen: wie sollten es die Bewohner Chambersburgs erwarten?

Bis 3 Uhr Morgens hatten die Rebellen inzwischen ihre ganze Streitmacht auf der westlichen, die Stadt beherrschenden Höhe concentrirt und zwei Batterien aufgepflanzt. Drei Kanonenschüsse, die nun über die wehrlose Stadt hin abgefeuert wurden, boten den Einwohnern des Feindes Morgengruß und bereiteten sie auf ihr, wie ein schweres Gewitter über ihren Häuptern schwebendes, Schicksal vor. Dann rückten auf allen Haupt- und Nebenwegen der Stadt Tirailleure (Skirmishers) vor, und da diese nirgends auf Widerstand stießen, so zog das achte Regiment virginischer Reiterei unter McCausland's unmittelbarer Führung zu Chambersburg herein und besetzte die Stadt. — Der General Bradley Johnston von Maryland und der berüchtigte Major Harry Gilmore begleiteten McCausland. Sie Alle sahen wild und grausig aus, mehr Räubern als Rittern des Südens ähnlich.

Während McCausland's Wachtposten seinem Befehle gemäß die Stadt an allen Ecken und Enden besetzten und die Uebrigen das Plünderungsgeschäft mit wilder Lust begannen und hier Hüte und Mützen, dort Geld und Uhren ohne Umstände wegnahmen, ließ sich McCausland im Franklin Hotel ein gutes Frühstück bereiten, das er sich mit seinen Begleitern noch wohlschmecken ließ.

Dann wurde die Courthausglocke geläutet, um die Bürger zusammenzurufen. Nur Wenige kamen. Diesen Wenigen theilte Capitän Fitzhugh, ein Offizier von McCausland's Stab, einen schriftlichen, von General Jubal Early unterzeichneten Befehl mit, durch den das Commando angewiesen wurde, auf Chambersburg loszurücken, daselbst die Summe von 100,000 Dollars in Gold oder 500,000 in Grünbacks zu verlangen, und im Falle die Zahlung verweigert würde, die Stadt niederzubrennen. Letzteres, so hieß es, solle als Repressalie für sechs von General Hunter in Virginien zerstörte Wohnhäuser geschehen. Die letzteren waren in Early's Befehl alle namhaft gemacht. Es ist auch keinem Zweifel unterworfen, daß diese Häuser bei Hunter's Feldzug im Shenandoahthal wirklich zerstört wurden, aus Gründen, die wir nicht wissen und die wohl die armen Chambersburger nicht gebillig haben möchten—aber man bedenke! für sechs zerstörte Häuser soll eine ganze Stadt, die sechs Tausend Einwohnern Obdach gewährt, in Asche gelegt werden! Welch eine Rache! welch ein Maß der Wiedervergeltung! Und noch dazu waren es Unschuldige, die hier leiden mußten! Was konnten doch die Chambersburger dafür, daß Hunter jene Häuser zerstörte. Aber so geht's im Kriege: wo Alles auf die Entscheidung der Waffen ankommt, da geht die Gerechtigkeit verhüllten Hauptes und trauert. „Wenn Krieg im Lande ist, sagt ein Spruch unserer deutschen Altvordern, dann macht der Teufel die Hölle weiter." Und in der That, am 30. Juli 1864 konnte der Besagte die Hölle wohl weiter machen, denn da geschahen Dinge, die zum Himmel schrieen.

Doch zur Sache. Die Bürger erklärten, daß sie beim besten Willen nicht im Stande seien, die geforderte Summe aufzubringen, daß sie aber auch nicht zu glauben vermöchten, daß man für sechs zerstörte Häuser ihre ganze Stadt niederbrennen wolle. Ein derber Schwur von Fitzhugh's Lippen versicherte die Bürger, daß das Fürchterliche wirklich zu befürchten war. Ohne Weiteres wurde der Befehl ertheilt, die Stadt in Brand zu stecken. Ein Faß voll Kerosenöl und ein Haufen Streichhölzer waren bald aus einem Laden gewonnen und nun vertheilten sich, mit Brennmaterialien, Brecheisen und Aexten versehen, kleine Abtheilungen nach verschie-

### Die Zerstörung der Stadt Chambersburg.

benen Richtungen, um die Wohnungen der friedlichen Bürger in Flammen zu setzen.

Während das Mordbrennergeschäft schon überall vor sich ging, versuchte Harry Gilmore, mit Drohungen Geld von den Bürgern zu erpressen. Er ritt auf eine Gruppe angesehener Bürger los, stellte sie unter Arrest und drohte ihnen unter einer Fluth von Flüchen und Eidschwüren, sie mit nach Richmond zu schleppen, wenn man die verlangte Summe nicht sofort aufbringe. Da er jedoch fand, daß er mit Einschüchterung nichts ausrichte, und da bereits das Zerstörungswerk im vollen Gange war, so ließ er die Gefangenen wieder los.

Die Anzündung der Stadt geschah sofort und ohne Weiteres. Man ließ den Einwohnern nicht einmal fünf Minuten Zeit, ihre nothwendigsten Habseligkeiten zu retten. Manche Leute baten, flehten um diese Eine Gunst die Feinde an: umsonst, die Mordbrenner waren unerbittlich. Darauf gerade hatten sie es abgesehen, daß die Einwohner außer dem nackten Leben Alles und Jedes verlieren sollten. Daher rissen sie Denen, die einige Kleider oder etwas Bettzeug retten wollten, die Sachen vom Arm weg und schleuderten sie in's Haus und in die Flammen zurück. Sonst pflegen Feinde, die eine Stadt einäschern wollen, vorher von ihrem Vorhaben Notiz zu geben, damit Frauen und Kinder, Kranke und Sterbende erst aus der dem Untergang geweihten Stadt weggebracht werden können. Die Rebellen aber setzten sich auch über diese, selbst von Barbaren beobachtete Sitte weg, und setzten die Stadt s o f o r t in Feuer, ohne auch nur eine Minute zu warten. Was lag den Meisten von ihnen daran, ob Weiber und Kinder, Kranke und Altersschwache in den Flammen umkamen? Auf Rache hatten sie es abgesehen, und je fürchterlicher diese war, desto mehr labte sie ihre Herzen. Hat doch der Unmensch McCausland, wie jetzt erwiesen ist, vorgehabt—d i e S t a d t b e i N a c h t a n z u s t e c k e n! Natürlich wäre dann eine Menge Menschen in den Flammen umgekommen!

Wahrlich, solch ein teuflischer Vorschlag macht die Angabe McCausland's, die er einem nach seiner Heimath fragenden Hagerstowner gab: I am from hell (ich stamme aus der Hölle) ziemlich plausibel.

„Wie machten's nun die Rebellen, um die Stadt in ein Flammenmeer zu verwandeln?" wirst Du fragen, lieber Leser. O, sie verfuhren schrecklich behend und systematisch dabei. In Zeit von 20 Minuten war Alles gethan, und es quollen schwarze Rauchsäulen und Feuerflammen in allen Straßen aus den Häusern heraus.

Ein Trupp von einigen Rebellen tritt, mit Brennmaterial und Aexten versehen, in ein Haus und befiehlt unter Fluchen und Schwören den Bewohnern, das Haus sofort zu räumen, weil es niedergebrannt werden soll. Die erschrockenen Bewohner flehen die Feinde um Schonung an. Vergebens. Die rohen Rebellen brechen alsbald Kisten und Kasten auf, nehmen Geld, Uhren, Silbergeschirr und was sie brauchen können heraus, hauen dann einige Mahagonystühle zu Brennholz zusammen, werfen die Möbel auf einen Haufen, gießen Kerosinöl darüber und zünden den Haufen an. In einigen Minuten steht das Haus in Flammen, seine früheren Insassen aber sind, wie sie gingen und standen, unter Gottes freien Himmel hinausgetrieben worden. So geht es hier.

Begleiten wir einen andern Trupp, so stellt sich uns eine neue Scene dar. Die Thüre ist verschlossen, vor die sie kommen. Ohne Umstände wird sie aufgebrochen oder eingeschlagen. Fluchend dringen die Feinde ein und commandiren die Bewohner hinaus. Im Parlor sitzt eine entschlossene Frau vornehmen Standes, die erklärt den Rebellen kurzweg, sie sei in ihrem Eigenthum und werde sich aus demselben durch keine Macht der Erde vertreiben lassen. Was hilft's? Die Rebellen hauen ohne Weiteres Tische und Stühle zusammen, schichten den üblichen Holzstoß auf und stecken ihn vor den Augen der Lady an. Die Arme ist außer sich, schilt und schimpft, verläßt aber ihren Schaukelstuhl nicht. Da hält ein Rebelle die Brandfackel gerade unter den Stuhl auf dem die Dame sitzt, und treibt die Unglückliche damit höhnend vom Stuhle auf und zum Hause hinaus.

Dort sehen wir einen dritten Haufen einem kleinen Framehause nahen. Folgen wir ihm. Es wohnen arme Leute, es wohnen

Deutsche darin. Der Vater der Familie liegt seit Jahr und Tag an einer schweren Krankheit darnieder. Wir sehen da seine bleiche, abgezehrte Gestalt im Bett in der Stube. Sein Weib ist in der Stube beschäftigt: das Hauskreuz liegt so schwer auf ihr, daß sie keine Zeit hat, sich um die Dinge draußen zu bekümmern. Kaum weiß sie, was da vorgeht. Ihre Kinder spielen um sie herum. Da treten harten Schrittes die Unholde herein, befehlen der Familie, sofort das Haus zu verlassen, weil sie es anzünden wollen, und fangen alsbald ihr Geschäft an. Das Weib fleht die Männer um Gottes willen an, ihr Haus zu schonen, sie weist auf ihren todtkranken Mann, ihre kleinen Kinder, ihre Armuth hin: es ist Alles, Alles umsonst. „Wenn Du nicht machst, daß Dein Mann hinauskommt, so muß er verbrennen," sagen sie — und stecken das Haus an.

#### 4. Einzelheiten bei der Ansteckung der Stadt.

Es ist schwer, wenn nicht unmöglich, alle einzelnen Begebenheiten und Zwischenfälle, die sich bei der Zerstörung der Stadt zutrugen, zu verzeichnen. Jedes einzelne Haus, das die Hand der Barbaren traf, jede einzelne Familie hat an jenem Schreckenstage ihre besondere Geschichte erlebt. Und diese war meist schrecklich und jammervoll genug. Es ist oftmals leere Phrase, daß man sagt: „Wie ein Blitz aus heiterem Himmel traf mich dieser Schlag," aber in diesem Falle war es volle Wahrheit. Die Zerstörung ihrer friedlichen, ruhigen Stadt haben die Chambersburger n i c h t erwartet. Viele haben an die gräßliche Wahrheit erst dann geglaubt, als sie die zischenden Flammen gen Himmel schlagen und die Frauen und Kinder mit Jammergeschrei durch die Straßen flüchten sahen. Fürwahr, es war ein jäher, ein unerwarteter Schlag für die Armen: so im Nu, so im Handumwenden wurden sie aus ihren Heimstätten vertrieben, aus Wohlstand und Glück in Armuth und Elend hinausgestoßen. Ist es ein Wunder, daß der plötzliche Schreck lähmend und sinneverwirrend auf Manche wirkte und daß beim Anblick der Mordbrenner zarte Frauen, an den Anblick der „Bestialität" nicht gewöhnt, in Ohnmacht sanken? —

Nicht nur den Einwohnern von Chambersburg, sondern auch manchen Rebellen kam der gegen die unglückliche Stadt geführte Schlag unerwartet.

Hier ist der Beweis dafür. Einer der Ersten, die mit dem achten virginischen Regiment in der Frühe des Morgens in die Stadt einrückten, war ein Regimentsarzt, Namens Abraham Budd. Er hatte in der Stadt Bekannte, oder Verwandte, die er besuchen wollte. Wie immer das Gerücht der Gefahr vorauseilt und diese zu vergrößern pflegt, so war es auch hier der Fall. Die Angst einiger erschrockenen Seelen hatte in das Haus der Bekannten des Arztes die Besorgniß gebracht, die Rebellen möchten diesmal mehr Häuser einäschern, als weiland Stuart gethan. Die Leute theilen „Budd" ein eben hereingebrachtes Gerücht mit, daß die Rebellen im Sinne hätten, ganz Chambersburg niederzubrennen. „Glaubt's nicht, sagt der Doktor beruhigend, wir werden immer schlimmer gemacht, als wir sind; unsere Leute sind zu sehr gentlemen, um solche Barbarei auszuüben. Es ist ein leeres Gerede, weiter nichts, ihr werdet's bald sehen." Ja, sie sahen's bald, die Armen, was es war. Denn eben, wo sie dem Doktor das Geleite bis zur Thüre geben und an der Thüre noch ein beruhigendes Wort von ihm empfangen, schlagen die Rauchwolken schon aus den benachbarten Häusern heraus, beweisen schon vorbeiflüchtende, aus ihren Wohnungen gestoßene Menschen, daß das voranlaufende Gerücht diesmal nicht gelogen hat. Noch steht der Arzt bei seinen Bekannten an der Thüre: er steht da stumm und blaß vor Staunen und Scham und Wuth. Thränen stürzen ihm aus den Augen. Er verwünscht den Barbaren, der solchen Befehl gegeben, und betheuert, daß er von dem gräßlichen Vorhaben nichts gewußt habe. Und das war wirklich der Fall.

Erst in der Frühe des Morgens nämlich hatte McCausland auf der westlichen Anhöhe vor der Stadt, in Herrn Grünewald's schönem Farmhause, seine Offiziere zu einem Kriegsrathe versammelt und ihnen die Order des General Early, Chambersburg in Asche zu legen, mitgetheilt. Den Meisten war das gewiß ein willkommener Befehl, willkommen deshalb, weil er ihnen Gelegenheit gab,

## Die Zerstörung der Stadt Chambersburg.

ihren brennenden Racheburst oder ihre Raubgierde zu befriedigen. Ach, im Kriege gehen alle Leidenschaften im Schwange, da ist das Wasser trübe und Satan kann fischen, da ist wirklich, wie das Volk sagt, „der Teufel los" und die Macht der Finsterniß herrscht, während Gottes Engel ihr Angesicht verhüllen, um das, was Menschen den Menschen, ihren Todesgenossen, ihren Brüdern, thun, nicht zu sehen. Zur Steuer der Wahrheit und zur Ehre der Rebellen sei es aber auch gesagt, daß der Vorschlag McCausland's, die Stadt noch in der N a c h t anzustecken, durchfiel. Die Berathung war sehr laut und stürmisch, die Verhandlungen konnten im anstoßenden Gemach deutlich gehört werden. Daher wissen wir das.

Viele, ja bei Weitem die meisten Rebellen, zeigten sich bei der Zerstörung der Stadt wirklich als b r u t a l e F e i n d e, in denen jedes edlere, menschliche Gefühl des Mitleids und Erbarmens erloschen schien; Andere aber, wenn auch nur Wenige, zeigten sich inmitten des allgemeinen Jammers, den ihre Leute anrichteten und sie selbst mit anrichten mußten, als m e n s c h l i c h e Feinde. Bei ihnen rief der Anblick so namenlosen Elendes, das so jählings Unschuldige traf, die edleren Gefühle des Mitleids und der Theilnahme wach in der Brust. Während daher an jenem Tage bei der großen Masse die „Bestialität sich herrlich offenbarte" und die Meisten bei den Barbareien und Grausamkeiten, die sie verübten, sich so teuflisch wohl fühlten, wie jene wüsten Vögel in Auerbach's Keller, die da singen:

„Uns ist so kannibalisch wohl,
Als wie fünfhundert Säuen" —

während dessen, sage ich, offenbarte sich bei Anderen auch die Lichtseite der Menschennatur, und zwar nicht blos in müßigen Gefühlen und Worten, sondern in Werken und Thaten der Humanität. Diese letzteren erscheinen wie einzelne Sternlein am dunkeln Nachthimmel. Wir wollen in unserer Darstellung gerecht sein und Beispiele sowohl von der Brutalität, als auch von der Humanität der Rebellen anführen. War erstere auch die Regel, so war letztere doch als Ausnahme vorhanden. Ein „sonnenhaftes" Auge aber liebt das Licht mehr, als die Finsterniß, weilt lieber bei der

Licht- als bei der Nachtseite der Menschennatur und, wo es rings nichts als Nacht und Dunkel um sich erblickt, da sucht es fast ängstlich nach einem Lichtpunkte, der es wieder erquickt und der ihm, während die Finsterniß herrschet, das Dasein des Lichtes überhaupt verbirgt. So geht es dem Schreiber dieser Zeilen bei dem folgenden Bericht constatirter Thatsachen und Ereignisse.

Zuerst also ein Blick in die Nachtseite, auf der unter dem Hohnlachen der Hölle die „Bestialität" der Menschennatur sich kund gibt. Bei Weitem nicht Alles, nicht einmal Vieles, was hier zu berichten wäre, sondern nur einzelne charakteristische Züge aus dem dunkeln Bilde führen wir an — als Beispiele.

Ein Bürger, Namens Jakob Wolfkill, war so schwach und krank, daß er das Bett nicht mehr verlassen konnte. Von seinem Lager aus fleht er die eindringenden Rebellen an, Mitleid mit ihm zu haben und sein Haus zu verschonen, da er sich nicht helfen und nicht gehen oder stehen könne, auch Niemand da sei, um ihn wegzutragen. Umsonst. Die Noth, sein inständiges Bitten und Flehen, rührt die rohen Kriegsknechte nicht. Sie antworten mit Hohn, stecken das Haus in Brand und — überliefern ihn ruhig dem gewissen Tod in den Flammen. Nur wie durch ein Wunder wurde der Arme noch gerettet. Einige Freunde gedenken seiner in der Noth, bringen in das schon brennende Haus und entreißen ihn den Flammen.

Eine alte Frau, Mrs. Lindsay, sank vor Schreck in Ohnmacht, als die Rebellen in ihr Haus kamen um es anzustecken. Die Ruchlosen ließen das ohnmächtige Weib ruhig auf dem Fleck liegen, wo sie zusammengesunken war, zündeten das Zimmer an und gingen fort. Die Frau wäre in den Flammen elendiglich umgekommen, wenn nicht, wie von Gott gesandt, noch rechtzeitig ein Verwandter herbeigeeilt wäre zu ihrer Rettung. Er dringt in das schon brennende Haus ein, ergreift die noch immer ohnmächtig daliegende Frau, trägt sie in seinen Armen hinaus in ein vor der Thür stehendes Wägelchen, spannt sich selbst davor und zieht es rasch durch die Straße hindurch, wo schon Rauchwolken herüber und hinüber qualmten und die von beiden Seiten aufzischenden

Flammen über den Häuptern der Fliehenden züngelnd sich küßten. — Nicht blos die Hülflosen und Schwachen, nicht blos die Ohnmächtigen und Kranken hatten die Brutalität der Feinde zu erfahren: selbst die Todten fanden kein Erbarmen vor ihren Augen. Das Haus des Uhrmachers Kuß in der Main Street war am 30. Juli gerade ein Trauerhaus. Die Gattin des Mannes lag im Sarge und sollte eben begraben werden; der Säugling der Todten war zum Sterben krank. Die Rebellen treten ein, um das Haus anzuzünden. Die um den offenen Sarg stehenden Trauergäste flehen sie an, doch den Frieden der Todten nicht zu stören und das Haus zu verschonen. Umsonst. Die Soldaten machen ihre Vorbereitungen. Da nimmt Frau Shryock den todkranken Säugling der todten Mutter, tritt damit vor die Brandstifter hin und flehet, doch um des jammernden und sterbenden Würmleins willen das Haus zu verschonen. Ach, der Anblick des todbleichen Kindes neben seiner im Sarge liegenden Mutter hätte wohl einen Heiden und Türken erweicht: die Cavaliere des Südens erweichte er nicht. Sie erlaubten nur, daß man im Garten eilig ein Grab mache und die Todte darin versenke. Das geschah und die brennenden Trümmer fielen bald auf das frische Grab der Mutter herab. Die Flammen trieben Frau Shryock aus dem Hause hinweg. Den sterbenden Säugling auf dem Arm, tritt sie an den vor dem Haus haltenden Rebellenoffizier heran und sagt, ihm das leichenblasse, röchelnde Kind entgegenhaltend: „Nun, diese Rache ist süß, nicht wahr?" In der Seele des Rebellen waren noch nicht alle Saiten menschlicher Gefühle zerrissen: das Wort der Frau berührte eine noch unversehrte Saite seines Innern. Ohne ein Wort zu entgegnen, brach er in Thränen aus. — Nach dem Brande grub man die Mutter aus und beerdigte sie auf dem Friedhofe der katholischen Kirche.

Den Herrn Holmes Crawford, einen in allgemeiner Achtung stehenden Bürger, nahmen einige Rebellen in einen Seitenweg und plünderten ihn, während andre sein Haus in Brand steckten. Als die Räuber ihn endlich los ließen, konnte er nicht mehr durchs Haus auf die Straße entkommen, weil das Haus schon in Flammen stand. Er mußte sich daher entschließen, mit seiner schwächlichen Frau auf dem Hof hinter dem Hause zu bleiben, bis Alles ringsum niedergebrannt war. Und das hat der Mann gethan, und ist trotz der Glühofenhitze, in der er zu bleiben hatte, am Leben geblieben.

Die katholische Kirche und das katholische Pfarrhaus stehen am Nordende der Stadt, jenseits des Bahnhofs. Der Priester, Mc-Cullom mit Namen, saß vor seinem Hause, während die Stadt in Flammen aufging. Da kommen einige Rebellen und fordern gebieterisch seine Uhr. Wehmüthig gibt er sie hin und wird nur noch wehmüthiger, als einer der Reiter ihm zuruft: „Bet nur, die heilige Jungfrau gibt dir eine andere."

Früh am Morgen, als die Rebellen eben in die Stadt eindrangen, stießen ein Trupp derselben auf Colonel Stambach, einen geachteten Bürger der Stadt Chambersburg. Ihm die Revolver vor den Kopf haltend, geboten ihm die Rebellen, ihnen Whisky zu verschaffen. „Ich habe keinen," sagte der Mann, „und weiß euch auch keinen zu verschaffen; Laden und Keller sind leer." Man ließ ihn gehen. Gleich darauf aber fällt der Mann einem andern Trupp in die Hände, der ihn auf alle erdenkliche Weise verhöhnt, beschimpft und mißhandelt. Der Anführer des Trupps muß Stambach gekannt haben, wenigstens rief er denselben bei seinem Namen. An ihn wendet sich jetzt der Gemißhandelte und spricht: „Ich war auch Soldat, und sage euch, wäre Gen. Battles bei euch, ihr würdet es nicht wagen, mich zu insultiren." „Ei, warum denn?" fragen seine Dränger. — „In der Schlacht bei Shiloh wurde er mein Gefangener und ich behandelte ihn, wie es einem Soldaten zukommt" — war die Antwort. Das war ein Wort zur rechten Zeit.

Ein Rebellenmajor, der unter General Battles gedient, hört das Wort, erkundigt sich nach den nähern Umständen, findet die Aussage des Bedrängten correct und befiehlt nicht nur, den Mann los zu lassen, sondern zieht auch die Truppen aus jenem Theil der Secondstreet zurück. Was doch ein einziges zur rechten Zeit und am rechten Orte gesprochenes Wort nicht Alles ausrichten kann!

### Die Zerstörung der Stadt Chambersburg.

Daß die Brandstifter plünderten, wo sie etwas zu plündern fanden, läßt sich denken. Gewöhnlich durchsuchten sie Schränke und Schubladen während oder vor der Anzündung des Hauses; auch fielen sie, wie gemeine Straßenräuber einzelne Personen an und leerten deren Taschen. So nahmen sie Herrn John Treher von Loudon zweihundert Dollar in Silber und hundert Dollar in gutem Papiergeld ab. Ein Künstler, Namens D. R. Knight, eilte aus der Stadt hinaus, um aus Colonel McClure's Villa vor der Stadt die Frauen hinwegzubringen. Er wußte, daß dieser schöne Landsitz dem Verderben geweiht war, und Offiziere der Rebellen hatten ihm gerathen, die Frauen wegzubringen, damit die besoffenen Soldaten nicht Anlaß fänden zu Greuelthaten. Auf dem Weg nach McClure's Farm, die etwa eine halbe Meile von der Stadt entfernt an der nach Nordost führenden Chaussee lag, ward Herr Knight schon angegriffen und all seines Geldes beraubt.

Auf „Norland," die schöne Villa des Colonel McClure, hatten die Rebellen es besonders abgesehen. Ihr Besitzer ist im Cumberlandthale und in ganz Pennsylvanien als ein strenger Unionsmann und Rebellengegner bekannt. In seinem Blatt, "The Franklin Repository," hatte derselbe sich sehr entschieden gegen das Rebellenthum ausgesprochen. Sie wollten daher an McClure Rache nehmen. Daß im vorigen Sommer während des Feldzugs unter General Lee, der bei Gettysburg endete, viele verwundete und von Lee zurückgelassene Rebellen in McClure's Hause Nahrung und Pflege gefunden hatten, das kümmerte diese Menschen nicht. Frau McClure besaß Danksagungsschreiben von Einigen derselben, sie zeigte sie den eindringenden Rebellen, um sie zur Schonung zu stimmen. Umsonst. Den Auftrag Norland in Asche zu legen hatte ein Capitän Smith erhalten, ein Sohn des Gouverneur's Smith von Virginien, der unter dem Namen Extrabilly bekannt ist. Dieser Capitän Smith drang denn auch, von einem Haufen Rebellen begleitet, in's schöne Haus McClure's ein und theilte der Frau McClure mit, daß er Norland verbrennen werde. Der Herr McClure war, um den Rebellen nicht in die Hände zu fallen, nach Harrisburg geflüchtet. Vergeblich erwähnte sie, daß sie im vorigen Sommer todwunde Rebellen beherbergt und verpflegt habe, vergeblich zeigte sie die von verpflegten Rebellen erhaltenen Danksagungsschreiben vor. Man ließ ihr nur zehn Minuten Zeit das Haus zu verlassen. Und so mußte denn diese Dame aus ihrem mit allen Bequemlichkeiten und Annehmlichkeiten des Lebens gefüllten, reichen und vollen Hause herausgehen und in brennender Sonnenhitze zu Fuße forteilen, um ein befreundetes Obdach zu suchen. Sie eilte der benachbarten Wohnung des Pastor Nicolls zu. Von dort aus sah sie ihr Wohnhaus sammt allen Oekonomiegebäuden in Flammen aufgehen. Noch während sie im Hause gewesen, hatten die Rebellen zu plündern angefangen. Capitän Smith nahm unter andern Dingen die goldene Uhr McClure's und eine silberne Kanne an sich. Letztere konnte er aber auf seinem Pferde nicht leicht verbergen, und offen sein gestohlenes Gut zur Schau zu tragen, hatte er keine Lust. Was that der Held also? Nachdem die Großthat der Brandstiftung vollbracht ist, hält er auf seinem Rückweg zur Stadt an der Wohnung des Pastors James Kennedy an, übergibt die Kanne der Frau desselben und sagt: „Uebergeben Sie doch gefälligst die Kanne der Frau Colonel McClure und bestellen Sie einen Gruß von Capitän Smith." Siehe da, Leser, wozu die Großmuth eines Rebellen fähig ist. Das gestohlene Gut, das er nicht mitschleppen kann, ist er im Stand zu verschenken.

Als die Rebellen die brennende Stadt verließen, steckten sie noch die Wohnung des Countysuperintendenten der Volksschulen, McIlvaine, in Brand. Am frühen Morgen hatten viele Rebellen noch bei dem Manne gefrühstückt und Küche und Keller geleert. Warum nun verbrannten sie des Mannes Haus und Hof, während sie doch andere vor der Stadt stehende Häuser stehen ließen? Sie thaten es, weil, wie sie erfahren hatten, McIlvaine Negerkinder unterrichtet hatte. So haben sie der Familie des Mannes selbst gesagt. McIlvaine floh, als die Unholde sein Haus nach ihm durchsuchten, und die Rebellen feuerten auf den Fliehenden, ohne ihn jedoch zu treffen. Das ganze Verbrechen des Mannes war, daß er meinte, die Schwarzen seien auch Menschen und darum auch werth, unterrichtet zu werden. Um dieses Verbrechens willen äscherte man sein Haus und seinen Hof ein.

Nur eine Kirche haben die Rebellen zerstört. Warum verschonten sie die andern, und zerstörten diese? Sie glaubten, es sei eine Negerkirche. Wer das liest, der wird es wohl begreiflich finden, daß in dem klassischen Gedicht Emanuel Geibels das Negerweib sagt:

„Süß erklinget ihre Predigt, daß ein Gott für sie gestorben,
Und durch solches Liebesopfer aller Welt das Heil erworben.
Doch wie soll das Wort ich glauben, wohnt es nicht in ihren Seelen?
Ist denn das der Sinn der Liebe, daß sie uns zu Tode
quälen?

O du großer Geist, was thaten meines armen Stamm's Genossen,
Daß du über uns die Schaale deines Zornes ausgegossen?
Willst du nicht dein Vaterantlitz endlich einmal auf uns wenden?
Willst du nimmermehr den Jammer deiner schwarzen Kinder enden?"

---

### 5. Beispiele von Humanität unter den Rebellen.

Gern, ja mit Vergnügen verzeichnen wir solche; ja wir danken Gott, daß solche doch auch an jenem Tage der Schrecken, wo die „Macht der Finsterniß herrschte," vorgekommen sind und darum berichtet werden können. Die Ehre der Menschheit wird dadurch bei diesem Stück modernster Weltgeschichte gerettet, und der Glaube an den ursprünglichen Adel der Menschennatur wird in uns wach erhalten.

Daß nicht alle Rebellenoffiziere den Befehl zur Einäscherung der Stadt billigten, haben wir erwähnt. Daß aber Bradley Johnson von Maryland sich dem Vorhaben McCauslands, die Stadt bei Nacht in Brand zu stecken, auf's Nachdrücklichste widersetzt und dadurch noch größeres Unglück verhütet hat, wollen wir hier zur Ehre des Mannes erwähnen.

Capitän Baxter, ein geborner Baltimorer, weigerte sich entschieden, bei der Zerstörung der Stadt mitzuhelfen. Vielmehr half er Leuten, deren Häuser bereits im Feuer standen, Kleider und andere Sachen retten. Auch schämte er sich dieser Großthat McCausland's so sehr, daß er einige Bürger auf's Inständigste bat, nach dem Brande für ihn nach Baltimore zu schreiben und seine dortigen Verwandten zu versichern, daß er an dem Zerstörungswerk keinen Antheil genommen habe. Ein anderer Baltimorer, der Wundarzt Richardson, lieh einer Frau sein eigenes Pferd, damit sie mit dessen Hülfe einiges von ihrem Eigenthum aus der brennenden Stadt schaffe. Auch er bezeichnete laut und entschieden die Einäscherung der Stadt als eine Greuelthat. Und als die Frau, der er sein Pferd geliehen hatte, ihn fragte: „Wer ist denn Ihr Oberbefehlshaber, der diese Barbarei geschehen läßt?" so antwortete er: „Madame, ich schäme mich zu sagen, daß Gen. McCausland mein Commandeur ist." Gewiß, in der Seele dieses Arztes war noch ein schönes Abendroth der im Kriegshandwerk untergehenden Sonne der Gerechtigkeit und Menschenliebe vorhanden. Er schämte sich noch und freute sich nicht, wie viele Andere der Ungerechtigkeit. — Capitän Watts, der beordert war Secondstreet südlich von Queenstreet zu zerstören, erklärte, er wolle lieber seine Commission verlieren, als friedliche Bürger aus ihren Wohnungen heraus und in Jammer und bitteres Elend hineinzustoßen. Er und seine Leute haben kein Haus angesteckt; im Gegentheil haben sie den Bürgern, deren Häuser bereits vom Feuer ergriffen waren geholfen zu retten, was noch zu retten war. Capitän Watts' hieß sogar die Bürger in diesem Theile der Stadt, die Feuerspritzen gebrauchen und seine Soldaten mußten selbst dabei helfen, als er sahe, daß eine der Kirchen in Gefahr war von den nahestehenden Häusern angesteckt zu werden. Ehre dem Andenken des Mannes, der den richtigen Grundsatz: „Man muß Gott mehr gehorchen als den Menschen" ohne alle Rücksicht auf die für ihn etwa daraus entspringenden Folgen ausgeführt hat. Vielleicht ist Capitän Watts bei Mooresfield oder im Shenandoahthal bereits gefallen und in ein frühes Grab gesunken. Was meinst du, Leser: wird er's in diesem Falle sterbend wohl bereut haben, daß er lebend inmitten der Greuel der Verwüstung in Chambersburg Menschlichkeit übte? —

' Die Zerstörung der Stadt Chambersburg. 33

Daß Leute, die solche Barbareien verübten, wie diese, auch Caplane bei sich hatten, wird der freundliche Leser kaum erwarten. Wozu auch Leute dieser Art? Sie mußten entweder Miethlinge sein, die den Leuten McCausland's predigten, wonach ihnen die Ohren juckten, oder sie mußten, im Falle sie Knechte Jesu Christi waren, das ganze Thun dieser Leute als eine ungeheure Frevelthat verabscheuen. Denn als einmal einige der Jünger ein samaritisches Dorf in der Gluth ihres nationalen und religiösen Hasses, den eine schnöde Behandlung angefacht hatte, im Feuer aufgehen lassen wollten, da hat der Herr sie bedroht und gesagt: „Wisset ihr nicht, weß Geistes Kinder ihr seid? Des Menschen Sohn ist nicht gekommen, der Menschen Seelen zu verderben, sondern zu erretten." Dennoch waren auch Caplane bei den Rebellen und Einer davon war ein Pennsylvanier, dessen Vater, nur einige Meilen von der unglücklichen Stadt entfernt, in dem nahen Shippensburg wohnte. Als die Rebellen schon die Stadt verlassen hatten, wurde dem presbyterianischen Pastor Nicolls ein mit Bleifeder auf ein Briefcouvert geschriebenes Brieflein überreicht, das also lautete:

„An Herrn Pastor Nicolls:

Bitte, schreiben Sie meinem Vater und grüßen Sie ihn von mir. Sagen Sie ihm, wie auch Frau Schuhmacher Ihnen mittheilen wird, daß ich mich der Verbrennung der Stadt auf's Nachdrücklichste widersetzt habe." B. B. Blair,
Caplan und Sohn von Thomas P. Blair
zu Shippensburg, Pa.

Es mag genug sein an diesen Beispielen. Noch andere ließen sich beifügen. So das, daß, als die Stadt bereits in lichten Flammen stand, ein bei diesem Anblick von Wehmuth ergriffener Rebellen-Offizier den Kopf wider einen Lampenposten lehnte, laut weinte und zu Gott um Erbarmen für solche Sünde empor schrie.

Ueberhaupt trat bei der Zerstörung Chambersburgs der Unterschied der Menschennaturen deutlich hervor. Es war ein Tag, an dem vieler Menschen Herzen offenbar wurden. Während da die Einen mit wilder Zerstörungslust in die Häuser einbrachen, rasch die Möbel in Brennholz verwandelten und die Einwohner wie

Hunde vor die Thüre trieben, galt es Andern offenbar darum, ihre Taschen zu füllen. Der Geldhunger, die Raubgier war's, die diese beherrschte. Solche Cumpane rissen, sobald sie in ein Haus traten, Kisten und Kasten auf und nahmen Uhren, Silbergeschirr und dergleichen mit der Fingerfertigkeit gemeiner Spitzbuben an sich. Einige hielten, sobald sie in's Zimmer traten, den Bewohnern die geladenen Pistolen vor den Kopf und verlangten „Geld oder das Leben." Und mit mehr Nachdruck und Anstand hat nie ein Straßenräuber la bourse ou la vie gerufen, als diese es thaten. Der Geldhunger stierte ihnen aus den hohlen Augen heraus. Manche von dieser „habgiergebändigten" Sorte ließen sich auch mit den Bewohnern in eine Art Handel ein, indem sie sagten: „Gebt uns so und so viel, dann sollt ihr euer Haus behalten." Einige haben Summen von 50 bis 200 Dollars bezahlt und haben so ihr Haus gerettet. Glücklich war auch hier der deutsche Metzger P e t e r K r i e ch b a u m, der Schwiegersohn des Ex-Gouverneurs R i t t - n e r. Der Mann hat mehrere neue Häuser in der Nähe des Baches stehen. Er selbst war nicht zu Hause, aber seine Frau und eine erwachsene Tochter verhandelten mit den Rebellen um die Höhe der Summe, mit der sie ihre Häuser retten könnten. Beide Parteien werden einig, die Hausfrau geht hinauf, um das Geld zu holen, der Rebellen-Offizier aber setzt sich hin, um zur Sicherung der Gebranntschatzten einen Schein zu schreiben; da bringt ein anderer Rebelle in die Stube und ruft: „Averill kommt, die Unsrigen reiten Alle von bannen." Und dem Schreibenden fällt die Feder vor Schreck aus der Hand, er läßt Papier und Geld im Stich und eilt mit den Uebrigen davon. So behielten Kriechbaum's ihre Häuser und ihr Geld. „Wer's Glück hat, sagt ein Sprichwort, der führt die Braut heim." Hier hieß es: Wer's Glück hat, der behält, selbst wenn Rebellen plündern, Häuser und Geld zugleich.

Außer diesen gab es aber auch unter den gemeinen Soldaten M i t l e i d i g e und B a r m h e r z i g e, denen es offenbar leid that, ja mitunter auch nahe ging, daß sie einen grausamen Befehl vollstrecken mußten. Von dieser Art waren jene Soldaten, die, nach-

dem die übrige Stadt schon angezündet war, noch meinem Freunde
Stauth, der draußen an der nach Loudon führenden Straße
wohnte, in's Haus rückten. Als sie den Schrecken der guten Leute
sahen, denen sie ihr Haus anstecken und damit ihr in langen, müh-
und arbeitvollen Jahren sauer erworbenes Eigenthum so plötzlich
nehmen sollten: da ließen sie sich zwar nicht abhalten, das Haus
anzustecken, sie halfen aber der Familie einige der nothwendigsten
Lebensbedürfnisse, wie Betten und Kleider, retten. Aehnliches geschah auch durch mehrere Andere.

Und so bestätigt denn auch die Geschichte der Zerstörung Chambersburgs die alte Wahrheit, daß der Weg der Bösen breit und ihre
Zahl groß, der Weg der Guten aber schmal und ihre Zahl gering
ist; eine Wahrheit, die uns auch unser deutscher Dichter zuruft,
wenn er spricht:

"Majestät der Menschennatur! Dich soll ich beim Haufen suchen?
Bei Wenigen nur hast du von jeher gewohnt.
Einige Wenige zählen, die Uebrigen alle sind blinde
Nieten, ihr leeres Gewühl hüllet die Treffer nur ein."

## 6. Rettungen; versuchte und gelungene.

Viele wurden versucht, aber nur wenige gelangen. So wurden
mir in Chambersburg Beispiele erzählt, daß Frauen das im Zimmer von den Soldaten angemachte Feuer zwei, dreimal wieder aus-
löschten, indem sie Wasser darauf gossen. Aber immer auf's Neue
zündeten die erbarmungslosen Krieger es von Neuem an und droh-
ten am Ende den Frauen, sie auf der Stelle zu erschießen, wenn
sie's noch einmal wagen würden, das Feuer auszumachen.

Da steht auf dem Dach seines schönen Steinhauses unser Freund
Dr. Schneck. Nicht ist ihm selbst die Brandfackel in's Haus
getragen, aber die Häuser zu beiden Seiten stehen schon in Flammen. Das seinige ist von den nächsten Häusern auf der einen Seite
durch den Garten, auf der andern durch eine schmale Einfahrt
(Alley) getrennt. Daher hofft der Doktor, sein Eigenthum retten
zu können. Von der Seite, wo die Einfahrt ist, droht die größte

Gefahr, denn da steht jenseits ein Framehaus, um das schon die herandringenden Flammen herumzüngeln. Nach dieser Seite richtet deshalb unser Freund alle seine Anstrengungen. Da steht er auf dem Dach in einer fast versengenden Hitze, während Rauchwolken zu ihm herüberbringen und sprühende Feuerfunken nach ihm geschleudert werden; da steht er und stößt rastlos die auf sein Dach fallenden Brände hinab. Und Mrs. Schneck schleppt, wie eine Magd, unermüdlich Wasser hinauf, welches der Doktor über das Dach ausgießt, um es für's Feuer unempfänglicher zu machen. An das Hinwegtragen von irgend einem Gegenstand aus dem Hause denken sie nicht, sie sind nur darauf bedacht, ihr Haus gegen das herandringende Feuer zu vertheidigen, zu beschützen. So zart und schwach auch Mrs. Schneck ist, so ungewohnt ihr das Wasserschleppen ankommt: die Gefahr selbst, die Noth verdoppelt, verdreifacht ihre Kraft. Immer auf's Neue steigt sie mit gefüllten Eimern zum Dache empor und reicht ihrem Manne das Wasser dar. Aber ach, die Gefahr rückt immer näher, die Rauchwolken werden immer dichter, die sprühenden, auf's Dach fallenden Funken und Brände immer zahlreicher, die Hitze immer unerträglicher. Endlich ergreift das herandringende Feuer auch das nur durch die Einfahrt vom Schneck'schen Hause getrennte Holzhaus. Es gibt dem Alles verschlingenden Elemente willkommene Nahrung, und leider ist Niemand zu sehen, der diesem den neuen Raub streitig machte und die Wuth der Flammen dämpfte. In wenigen Minuten steht es ganz in Flammen. Jetzt muß auch unser Freund, wenn er nicht selbst umkommen will, das Dach seines Hauses verlassen. Schweren Herzens gibt er den Kampf mit dem feindlichen Elemente auf. Wie er hinabsteigt, weiß er, daß nun auch sein Haus dem Untergang geweiht ist.

Und so war es: das schöne Haus, wo so mancher Amtsbruder einen gastlichen Herd gefunden, das vor Jahren auch den Erzähler gastlich aufnahm, sank in Schutt und Trümmer. Und mit ihm sanken unseres Freundes sämmtliche Bücher und Briefschaften, sanken alle Möbel, Bilder und Schmucksachen des Hauses, alle Andenken von Freunden nah und fern, alle Dinge, die zu des Lebens Nothdurft und Comfort gehören, in Asche. Nicht einmal die Reisetasche,

### Die Zerstörung der Stadt Chambersburg.

in welche er noch kurz vor dem Brande seine Brieftasche nebst andern wichtigen und werthvollen Dingen gesteckt hatte, rettete Doktor Schneck. In der grenzenlosen Verwirrung und Bestürzung, die den vergeblichen Anstrengungen folgte, ließ er sie im Hause stehen. Und so kam es denn, daß, während Andere noch Dieses oder Jenes retteten, Dr. Schneck Alles und Jedes, was sein Haus enthielt, verlor. Bald nach dem Brande sah ich ihn und Mrs. Schneck. In fremdem Hause hatten die Abgebrannten Aufnahme gefunden. Was meinst du nun wohl, Leser, wie ich sie fand. Gewiß denkst du, daß beide schon ziemlich bejahrte Leute über die „Grausamkeit des Schicksals" murrten, klagten und jammerten. Aber weit gefehlt. Nie sah Frau Dr. Schneck frischer, zuversichtlicher und muthiger aus, wie damals; und ihre Geistesfrische und Geistesfreudigkeit hat auch unsern Freund aufrecht erhalten helfen.

Wenn du aber fragst, mein Leser, woher es kam, daß unser an keinen Mangel gewohnte Freund auch da nicht murrte, als er sich für den nächsten Sonntag ein Hemd zum Anziehen borgen mußte, weil er selbst kein zweites hatte, so antworte ich dir: Dieser Freund und sein edles Weib glauben an Den, der Denen, die Ihn lieben, Alles, also auch den Verlust ihrer Habe, zum Besten dienen läßt. Dieser Glaube hat ihre Herzen fest gemacht und hält sie aufrecht. Haben sie in guten Tagen dem Herrn vertraut, so wollen sie's nun auch in den bösen einmal getrost wagen. Doch genug davon, ich muß sonst fürchten, daß der Doktor, wenn er diese Zeilen gewahr wird, sie erbarmungslos streicht. Aber nicht ihn oder seine edle Gattin, sondern die Gnade Gottes, die in den Schwachen sich so mächtig erweist, habe ich bei dieser Gelegenheit ein wenig rühmen wollen.

Wenn der Wanderer in der Straße, in welcher Dr. Schneck's Haus stand, ein wenig weiter nach Osten geht, so kommt er zur Eisenbahn, die hier die Ostseite der Stadt von Norden nach Süden durchschneidet. Gleich jenseits derselben steht auf einem Hügel, inmitten eines schönen Gartens, die hübsche Wohnung des Advokaten McClellan. In den Garten dieses Hauses und in einen benachbarten hatten sich viele Leute aus der brennenden Stadt geflüchtet. Da lagerten sie am Hügel in buntem Durcheinander, Mütter mit Säuglingen auf dem Arme und einem Häuflein Kinder um sich herum, altersschwache Frauen und Greise, Knaben und Mädchen und rüstige Männer. Allen kannst Du es ansehen, was sie leiden. Die Männer sind bleich vor Schmerz und Gram, daß sie solche Unbill leiden müssen und keine Mittel zur Hand haben, dem Feinde zu wehren, die Frauen weinen und jammern und ihre Kinder weinen und jammern mit. Ach, die armen Kleinen wissen gar nicht zu begreifen, was eigentlich vorgeht, weshalb sie ihr elterliches Haus haben verlassen müssen, weshalb Fremde dieses angesteckt haben. Sie weinen aber mit, weil die Mutter so bitterlich weint. Die unschuldigen Kleinen! Sie wissen, sie ahnen noch nicht, daß der Mensch des Menschen ärgster Feind ist, daß ein Mensch es über sich gewinnen, ja seine Freude darinnen finden kann, das Glück des andern zu zerstören und ihm das bischen Lebensfreude, das ihm vergönnt ist, zu rauben. — In McClellan's Garten und in der Nachbarschaft halten sich die Geflüchteten für sicher vor dem Brande. Ist doch dieser Ort vom Mittelpunkt der Stadt weit entfernt und von dem Haupttheil der Stadt durch die Eisenbahn getrennt; daß auch über die Eisenbahnlinie herüber das Werk der Zerstörung fortgesetzt werden werde, halten sie für nicht wahrscheinlich, vielleicht für unmöglich. Aber sie sollen bald schmerzlich enttäuscht werden. Denn ehe sie sich's versehen, kommt ein Trupp Rebellenreiter die Straße heraufgeritten, überschreitet die Eisenbahn und macht Anstalten, auch die jenseits liegenden, meist armen Leuten gehörenden Häuser, in Brand zu stecken. Die Geflüchteten sehen vom Hügel herab, was geschehen soll: ein Schrei des Entsetzens ringt sich aus der angsterfüllten Brust vieler Frauen zum Himmel empor. „Kann denn Gott wirklich solche alles Maß überschreitende Grausamkeit zulassen? Ist denn kein Mensch, kein Engel da, der aus Mitleid mit den Armen den Brandstiftern Einhalt thut?" So mochte in jenen Momenten manche bekümmerte Seele fragen. Und siehe, was der zagende Sinn der Leute kaum noch geahnt hat, das erfüllt sich vor ihren Augen: **ein Engel erscheint auf der Stätte des Jammers und thut den Brandstiftern Einhalt.** Die-

### Die Zerstörung der Stadt Chambersburg.

ser Engel kam nicht vom Himmel herab, sondern aus McClellan's Hause heraus. Es war Frau McClellan, des Anwaltes edle Gattin. So wie diese vornehme und feingebildete Dame den Reitertrupp mitten in der Straße erblickt, schreitet sie durch die jammernde Menge hindurch, gerade auf den Anführer der Reiter, einen Capitän, los, legt die Hand auf seinen Arm und spricht: „Mein Herr, Sie haben zu Hause ein Weib und Kinder, nicht wahr?" — „Ja wohl, Madame," antwortet der Angeredete. — „Nun denn, um dieser, ihrer Lieben willen beschwöre ich Sie, verschonen Sie die Wohnungen der armen Leute, die dieser Straße entlang wohnen. Verbrennen Sie unser Haus, wir können uns vielleicht ein anderes bauen; aber verschonen Sie, um Gottes willen, die Wohnungen dieser Armen, die sich kein zweites Haus bauen können. Sehen Sie diese Menge hülfloser und obdachloser Frauen und Kinder, die Ihre Leute in's Elend gestoßen haben. Ist das nicht Rache genug? Soll denn gar kein Obdach übrig bleiben, um diese Unglücklichen zu bergen? Bedenken Sie wohl, was Sie jetzt thun. Es lebt ein Gott, ein Vater der Wittwen und Waisen, die dort jammern und weinen. Er wird uns Alle, er wird auch Sie einst richten. Können Sie es vor Ihm rechtfertigen, wenn Sie die letzte Zufluchtsstätte dieser Armen verbrennen?" — So im Wesentlichen sprach die edle Frau und dabei sah sie den Rebell mit ihren großen, leuchtenden Augen, die von verhaltenen Thränen umflort waren, scharf an.

Dieser Anwalt und Fürsprecher der Armen war unwiderstehlich. Der Rebellen-Offizier hörte regungslos die beredte Fürsprache an, zwei helle Thränen traten in seine Augen, er war erweicht. „Madame, Sie haben Recht, ich danke Ihnen," das war Alles, was er erwiederte. Unverzüglich gab er seinen Leuten den Befehl, umzukehren. Die Häuser der Armen waren gerettet, gerettet durch die Fürsprache eines Engels in Menschengestalt. Noch heute stehen sie, und das Haus der hochherzigen Fürsprecherin steht auch. Gottes Segen über das edle Weib! Ihr Geschlecht müsse blühen und gedeihen, so lange der Name Chambersburg im Cumberlandthale noch genannt wird! Sanft fließe ihr Leben dahin, sanft nahe ihr der Tod als freundlicher Bote des Herrn, der sie in die Wohnungen des

Friedens abruft, und wenn sie längst im Grabe ruht, müssen Kinder und Kindeskinder sich noch erzählen, wie einst eines Anwalts Weib ein besserer Anwalt war, wie ihr Mann selbst. — Und wie diese edle Frau Heroismus bewies, so bewiesen ihn noch viele andere.

Eine ältliche Frau ergriff, als ein Soldat in ihr Haus trat, um es anzuzünden, einen schweren Besen und schlug damit auf den Brandstifter so gewaltig los, daß derselbe die Flucht ergriff und das Werk der Zerstörung Andern überließ. Als diese Letzteren aber eintraten, machte sich das Weib aus dem Staube.

Die Frau eines Pastors rettete ihr bedrohtes Haus damit, daß sie ihn daran erinnerte, daß sie ihn im Sommer 1863 nach der Schlacht bei Gettysburg im Hospitale verpflegt habe. Der Soldat erkannte seine ehemalige Wohlthäterin und war noch nicht verteufelt genug, um ihr Haus anzuzünden, sondern zog unverrichteter Sache ab.

Eine Frau zahlte einem Soldaten 5 Dollars, damit er ihren Koffer an einen sichern Ort trage. Der Rebelle thut's, denkt aber, als er die Last auf der Schulter hat, es möchten wohl allerlei Kleinodien und Juwelen in dem Koffer sein. Als er daher den Koffer absetzt, bricht er denselben vor den Augen der erstaunten Dame auf, wühlt darin herum und nimmt, was sein Herz begehrt. Die Frau ist sprachlos vor Staunen über diese Frechheit, dann fragt sie den Räuber: „Herr, ist das denn südliches Ritterthum?" — „Nimm das Wort zurück oder ich schieße dich sofort nieder," bonnert der Räuber sie an. Die Dame aber nahm das Wort nicht zurück und — wurde auch nicht niedergeschossen.

In der Hauptstraße der Stadt (der Main Street) stehen noch die Häuser von Dr. Fischer, Herrn George Lehner, Herrn Reinemann und Herrn Feldmann. Die ganze übrige Straße liegt bis zum Diamond — und das ist eine gute Strecke — in Trümmern, und jenseits des Diamond siehst du, wenn du die Straße hindurch fortgehst, auch nichts als leere Brandstätten. Die genannten wenigen Häuser sind durch die fast übermenschlichen Anstrengungen ihrer Bewohner, namentlich aber durch eine feine List zweier deutscher Jünglinge gerettet worden. Das ging so zu. In das mittlere der drei Häuser, das von Herrn George Lehner, einem ehrenwerthen deutschen Manne, der einen Schuhladen hält, bewohnt wird, drangen die Rebellen ein und steckten den Laden an. Die Bewohner hatten sich in den Garten hinter das Haus geflüchtet. Zwei Jünglinge aber, George Lehner, der Sohn des Hauseigenthümers, und Sebastian Stauth, der Schwestersohn desselben, warten mit gefüllten Eimern nur den Augenblick ab, wo die Rebellen zur Thüre des Ladens wieder hinaus sind, dann gießen sie eilig das Wasser in die am Holzwerk schon herumleckende Flamme und löschen den Brand. Die Rebellen hatten die Hausthüre offen gelassen und einzelne Reiter ritten beständig die Straße auf und ab, um zu sehen, ob die Häuser auch richtig von den Flammen verzehrt würden. Schnell macht nun einer der Jünglinge die Hausthüre fest zu, während ein anderer einen Haufen feuchtes Papier in den Laden schleppt und auf dem zuvor tüchtig naß gemachten Boden anzündet. Das feuchte Papier, zu dem immer neuer Vorrath geworfen wird, macht einen fürchterlichen Qualm. Ein Fenster des Ladens wird geöffnet, damit der Qualm auf die Straße hinaus kann. Zugleich aber wird an den Wänden das Feuer durch neu hinzugebrachten Wasservorrath ausgelöscht. Die auf der Straße hin und her reitenden Rebellen sehen den aus dem Lehner'schen Hause kommenden fürchterlichen Qualm, denken, da ist all right, und unterlassen es deshalb, sich nochmals in's Haus hinein zu bemühen und zuzusehen, ob das Werk der Zerstörung fortschreite oder nicht. Bald kommt die Kunde von dem Herannahen der Averill'schen Reiterei, und die Rebellen verlassen die Stadt. Das Lehner'sche Haus und die benachbarten waren aus der größten Gefahr gerettet. Noch aber drohte ihnen die Gefahr, von den in der Nachbarschaft überall brennenden Häusern angesteckt zu werden. Da galt es denn, von den Dächern die herüberfliegenden Brände abzustoßen. Das thaten denn auch die Bewohner mit äußerster Anstrengung ihrer Kräfte. Und ihre Mühe ist belohnt worden: ihre Häuser sind erhalten. Ohne den feinen Trick der deutschen Jünglinge in Herrn Lehner's Hause wäre alle Mühe Dr. Fischer's und Herrn Reinemann's vergeblich gewesen. Frau Lehner hatte darum Recht, als sie mir bei einem Besuche bald nach dem Brande sagte: „Da der Bastian und der George haben unser Haus gerettet." Sie haben auch die Rettung der beiden Nachbarhäuser möglich gemacht, setze ich hinzu. Daß es aber d e u t s ch e Jünglinge und meine lieben Freunde waren, freut mich doppelt. Da siehst du ja, Leser, daß die Amerikaner die Klugheit (smartness) nicht einzig und allein gepachtet, sondern wir Deutsche, obwohl wir zu Humbug und Beutelschneiderei so ungeschickt und ungelehrig sind, durch Gottes Gnade auch ein wenig Mutterwitz mit abgekriegt haben.

Von andern bemerkenswerthen Rettungen ist mir nichts bekannt geworden. Doch muß das als eine große und allgemeine Rettung bezeichnet werden, daß alle von der Gefahr bedrohten Bewohner der Stadt gerettet wurden. Mancher Hausvater, der in den Flammen Haus und Habe verloren, konnte doch am Abend des Unglückstages alle die Seinigen unverletzt um sich versammeln — wenn auch nur unter Gottes freiem Himmel. Und:

„Was Feuersgluth ihm auch geraubt,
Ein süßer Trost ist ihm geblieben
Er zählt die Häupter seiner Lieben,
Und sieh', ihm fehlt kein theures Haupt."

### 7. Die Stadt im Feuer und nach dem Brande. Die Heimathlosen.

Der Erzähler berichtet nicht blos vom Hörensagen und in's Blaue hinein. Wenige Tage nach dem Brande hat er die unglückliche Stadt selbst besucht und was er berichtet, hat er aus dem Munde glaubwürdiger Zeugen.

Nach Allem, was diese melden, muß die in Flammen stehende Stadt ein schrecklich-großartiges Schauspiel gewesen sein. Der 30. Juli war ein schwüler und stiller Tag. Kein Wind, kein Lüftchen wehte. Die Atmosphäre war drückend heiß. Und sie wurde durch das Feuer fast unerträglich. Als die Brandstiftung begann und so lange, bis die Stadt auf allen Punkten in Feuer stand, boten sich dem Auge auf den Straßen herzzerreißende Scenen dar. Hier werden Leute von den Soldaten aus ihren Wohnungen geworfen, dort eilen ganze, buntgemischte Haufen zur Stadt hinaus. Hier schreien Mütter nach ihren Kindern, dort Kinder nach ihren Müttern. Hier hat ein Vater zwei Kinder auf den Armen, dort trägt ein rüstiger Sohn seine alte Mutter oder Großmutter aus dem Hause und setzt sie in einen Wagen, den er selbst fortzieht. Hier siehst du einen Mann, der einen Kranken sogar auf einem Schiebkarren fortbringt und dort siehst du einen Andern, der seinen altersschwachen Vater auf dem Rücken hat und, wie Aeneas den Anchises, aus der brennenden Stadt trägt. Hier siehst du Leute im oberen Stock um Hülfe schreien, weil der Ausgang durch den unteren Stock ihnen durch das Feuer schon versperrt ist; dort springen Einige aus dem Fenster auf die Straße, Andere legen Leitern an, um noch aus dem unten schon brennenden Haus Personen oder Sachen zu retten. Und das Alles inmitten eines wilden Getümmels, während die Commandoworte, die Flüche und Schwüre der Brandstifter ertönen und das Wehgeschrei der Weiber und Kinder in herzzerreißenden Tönen die Luft erfüllt, während Rauch und Flammen immer mehr überhand nehmen und die Luft immer heißer wird.

Der Brand selbst verbreitet sich sehr rasch. Anfangs steigt hier aus einem Hause eine vereinzelte, schwarze Rauchwolke empor, dann da eine und da eine und so immer neue. Senkrecht erheben sie sich, da sie kein Wind verweht. Rasch wachsen die Rauchsäulen an Höhe und Umfang; mächtige Qualmwolken, die von unten nachdringen, dehnen sie aus. Bald berühren, erfassen, vermischen sie sich und bilden ein ungeheures, schwarzes Gewölk, das den Tag in Nacht verwandelt, indem es den Menschen den Anblick der Sonne entzieht. In dieses Nachtgewölk zucken, zischen und sprühen dann die auflodernden Flammen hinein; anfangs dünne und vereinzelte Feuerstrahlen, dann immer stärker und glänzender. Bald ist die ganze Stadt in ein großes, furchtbar-prächtiges Feuermeer gehüllt und trotz des Nachtgewölls ein heller Tag geschaffen. Das Feuer wirft seinen Wiederschein in das dichte Nachtgewölk und roth wie Blut ist auf einmal der Himmel ringsum. „Durch der Straße lange Zeile, wächst der Brand mit Windeseile. Kochend, wie aus Ofens Rachen glüh'n die Lüfte, Balken krachen, Pfosten stürzen, Fenster klirren, Kinder jammern, Mütter irren, Thiere wimmern, unter Trümmern." Und das aus den brennenden Ställen hervortönende Klagegeschrei der Thiere, die, weil sie angebunden sind, sich nicht durch die Flucht retten können und in den Flammen verbrennen müssen, erhöht noch das Schauerliche, Entsetzliche

### Die Zerstörung der Stadt Chambersburg.

der ganzen Scene. Dort brüllen schauerlich Kühe, um welche die Flammen herumzüngeln, hier stoßen Pferde ihre Klagelaute aus, um Menschenherzen zu rühren; aber Niemand erbarmt sich ihrer.

Doch wir verzichten darauf, das Schauspiel zu schildern, das die brennende Stadt darbot. Es läßt sich eher denken, als beschreiben.

Nach dem Brande bot die Stadt einen unsäglich traurigen Anblick dar, der das Herz des Betrachters mit Wehmuth erfüllen mußte. Wo noch kurz zuvor schöne Straßen voll frischen Lebensverkehrs, schöne Häuser, von glücklichen Familien bewohnt gestanden hatten, da war jetzt Alles wüst und leer und öde, da boten sich dem Auge nur Schutthaufen und Trümmer dar. Hier und da ist die steinerne Wand eines Hauses stehen geblieben, aber

> „in den öden Fensterhöhlen
> wohnt das Grauen;
> und des Himmels Wolken schauen
> hoch herein." —

Der Haupttheil der Stadt ist niedergebrannt. Stellen wir uns im Geist auf den freien Platz in der Mitte der Stadt (diamond). Ringsum standen einst hohe prachtvolle Gebäude: gegenwärtig entdeckt das Auge nur Schutthaufen. Das schöne Courthaus, die Townhall, das Franklinhaus, das erste Hotel der Stadt, das Bankgebäude und das stattliche Gebäude der reformirten Druckerei: Alles ist hin. Heinrich von Schubert sagt in seiner „Reise in's Morgenland" von dem gegenwärtigen Kleinasien: „Alles verkündigt hier das eine Wort: „Gewesen." Dasselbe kann man sagen, wenn man auf dem Diamond zu Chambersburg steht und sein Auge rings umherschweifen läßt. Das Gebäude der ref. Druckerei war erst kurz zuvor verschönert worden und Dr. Fischer hatte eine neue Dampfpresse für 5000 Dollar angekauft. Das Gebäude sank mit Pressen, Typen, Büchern und Allem, was es enthielt, in Asche. Die Reformirte Kirche hat dabei einen Verlust von ungefähr 43,000 Dollar erlitten. Dieser Verlust ist um so empfindlicher für sie, da sie mit dem Herrn, der nicht hatte, wo er sein Haupt hinlegte, das gemein hat, daß sie arm ist. — Blicken wir vom Diamond die Straße hinauf nach Osten, so entdecken wir bis zur Eisenbahn hin zu beiden Seiten nur Trümmer. Nur ein einziges Haus am äußersten Ende, den Fräulein Denny gehörig, ist stehen geblieben. Blicken wir nach Westen, so weit das Auge reicht, nur Trümmer, nichts als Trümmer. Wenden wir unsern Blick vom Diamond nordwärts, auch hier begegnen wir eitel Trümmern; wenden wir ihn südwärts, die Mainstreet hinab, auch da ist Alles wüste und öde geworden. Queen- und Washingtonstreet durchschneiden die Mainstreet südlich vom Diamond: alle Häuser in diesen durch die sich kreuzenden Straßen gebildeten Quadraten sind ein Raub der Flammen geworden. Nur die vorhin genannten vier Häuser Dr. Fischer's ꝛc. stehen noch. Die Mainstreet war die eigentliche Pulsader der Stadt. In ihr concentrirten sich Handel und Gewerbe, in ihr herrschte reger Lebensverkehr: jetzt herrscht in ihr die Stille des Friedhofes. In Summa sind gegen 12 Straßenquadrats (squares) niedergebrannt. Die Zahl der zerstörten Gebäude beträgt nach genauer Zählung fünfhundert sieben und dreißig. Unter ihnen sind 2 Kirchen, von denen die eine den Weinbrennerianern, die andere den sogenannten Seceders gehört. An 2500 Menschen wurden durch den Brand obdach- und heimathlos. Viele von ihnen verloren alle ihre Habe, manche sanken jählings aus gewohntem Wohlstand in tiefes Elend. Eine Commission, an deren Spitze der Rechtsanwalt McClellan stand, hat den Gesammtverlust, soweit er blos in Gebäuden bestand, auf 783,950 Dollar abgeschätzt. Rechnet man aber hinzu, was in den Häusern an Möbeln, Betten und Hausrath zu Grunde ging, so werden zwei Millionen Dollar kaum hinreichen, den Schaden zu decken.

Meilen weit irrten die Bewohner der unglücklichen Stadt im Freien umher. Wie Lot von Sodom, so flohen sie in Feld und Wald hinaus. Manche flohen so lange, bis sie zusammenbrachen. Die Glieder vieler Familien wurden in der allgemeinen Verwirrung getrennt; daher sah man jammernde Mütter und bekümmerte Väter, die ängstlich nach ihren Kindern suchten; daher sah man schreiende Kinder, die nach ihren Eltern oder nach Hause wollten. An verschiedenen Orten im Freien sammelten sich die unglücklichen, aus ihren Häusern gestoßenen Familien. Dort im Osten lagern hunderte auf jenem Hügel und sehen mit blutenden Herzen dem furchtbaren Schauspiel der Zerstörung zu. Hier im Westen sammeln sich Männer und Frauen, Kinder und Greise auf offenem Felde. Immer mehr Leute kommen heran, viele mit Bündeln auf den Armen. Siehe da kommt auch ein Neger. Um sein Leben zu retten, hat er Frauenkleider angezogen und schleppt ein Federbett auf dem Kopf, um Gesicht und Hände zu verbergen. Hier haben sich Hunderte auf einen Gottesacker geflüchtet. Da „am Ruheplatz der Todten" hoffen sie sicher zu sein. Von dort sehen sie dem wachsenden Brande zu und weinen, auf den Grabhügeln sitzend, gleich als wollten sie den Todten ihr trauriges Loos klagen. Dort inmitten der Grabhügel der Todten hat, wie Herr Shryock berichtet, ein Kind das Licht der Welt erblickt.

So groß der Jammer war, so groß war auch der Heldenmuth, mit dem die Chambersburger ihr Schicksal ertrugen. Helfende, rettende Liebe zeigte sich im schönsten Lichte. Man sah Leute, die Werthsachen Anderer retteten, während ihr Eigenthum in den Flammen unterging. „Arm machen können sie uns, aber hoffnungslos nicht," das war die bei den Meisten herrschende Stimmung. Ein Mädchen weinte, als sie aus der brennenden Stadt fliehen mußte. Als sie aber einem Haufen Rebellen begegnete, sagte sie: „Nein, die sollen mich nicht weinen sehen," und trocknete ihre Thränen. Als die Rebellen in ein Haus kamen und den Bewohnern geboten, dasselbe augenblicklich zu verlassen, da fingen die Kinder an laut zu weinen. Aber die Mutter wandte sich zu ihren Kindern und sprach: „Laßt diese Männer doch nicht sehen

## Die Zerstörung der Stadt Chambersburg.

daß ihr weint; die freuen sich darüber." Im Nu waren die Kinder still. Ein Rebelle fand in einem Hause eine Unionfahne. Eben will er sie in die Flammen werfen, da reißt eine entschlossene Frau ihm die Fahne aus der Hand, hüllt sich darein, wie in einen Shawl, und verläßt so, die Farben der Union um ihre Schultern tragend, Haus und Stadt. Ein Rebellenoffizier hielt Herrn Shryock an und sagte: „Herr, kann denn nicht ein wenig Geld zusammengebracht werden, um dieses Vieh McCausland zu befriedigen? Eine kleine Summe würde diesen Theil der Stadt retten?" — „Und wenn zehn Cents hinreichten, er würde sie nicht von uns erhalten," war des Gefragten Antwort.

In der That, Muth, Würde und Ehre haben die Rebellen den Chambersburgern nicht nehmen können. Was von christlicher Ergebung und Geduld in den Seelen schlummerte, wurde durch die Größe des Unglücks wach gerufen. Wer nach dem Brande Chambersburg besuchte und erwartete, die Abgebrannten weinend, jammernd, trostlos lamentirend zu finden, mußte sich sehr getäuscht finden: sie waren ruhig ergeben, ohne Bitterkeit, ohne Haß, ja mit Würde das Unvermeidliche tragend. Nicht wie Heiden, die keine Hoffnung haben, wie Christen trugen sie ihr Loos. Damit ist Alles gesagt.

Als endlich die Feinde, durch ein Gerücht vom Herannahen Averill's geschreckt, die Stadt räumten und nach Loudon zu davonritten, kehrten Viele in die Stadt zurück, aber nur, um ihr Haus in Trümmern zu sehen. Nachmittags gegen 3 Uhr kam dann Averill mit seinen Reitern, die beim Anblick der brennenden Stadt von Wuth und Rachedurst beseelt wurden und gleich weiter ritten, dem Feinde nach. Gegen Abend war dem Fortschritt der Flammen erfolgreich Einhalt gethan. In den nach außen herumstehenden Häusern suchte jetzt die obdachlose Menge Zuflucht. Viele der Abgebrannten verließen in den folgenden Tagen die zerstörte Stadt, um bei Andern ein Unterkommen zu suchen. Noch irren Manche davon als Heimathlose umher, während sich Andere schon wieder anbauen.

Als das Gerücht von dem furchtbaren Geschick Chambersburgs nach Harrisburg kam, soll Gouverneur Curtin Thränen vergossen haben. Wenigstens hat er das gethan, als er die Trümmer der Stadt bald darauf besuchte. Auch gab er einen Beitrag aus eigener Tasche von 1000 Dollar. Um den Abgebrannten Hülfe zu verschaffen, berief er die gesetzgebende Versammlung des Staates zu einer außerordentlichen Sitzung und empfahl ihr dringend, den Abgebrannten eine anständige Entschädigungssumme zu bewilligen. Nachdem diese Versammlung es früher unterlassen hatte, für die Sicherung der Grenze Sorge zu tragen, hätte man doch erwarten sollen, daß sie in liberaler Weise sich der schwer heimgesuchten Chambersburger angenommen hätte. Der Abgeordnete Sharpe von Chambersburg stellte der Versammlung in einer meisterhaften Rede die Noth der Abgebrannten und die Pflicht des Staates, ihnen zu Hülfe zu kommen dar, und verlangte, daß man den Chambersburgern mindestens eine Million verwillige. Aber ach, die Herrn Gesetzgeber fanden es für gut, nur das bettelhafte Sümmchen von 100,000 Dollar zu genehmigen. Das war nicht gehauen und nicht gestochen; nicht wirksam geholfen und nicht gänzlich im Stich gelassen; zum Leben, wie man sagt, zu wenig und zum Sterben zu viel. Arme Chambersburger, mit welchen Gefühlen mögt ihr nun wohl eure Hütten wieder aufbauen!

## 8. Die Nemesis.

Für die Frevelthat, die sie an einer friedlichen Stadt verübt haben, sind die Rebellen nicht ungestraft geblieben. Vergeltung ist auch hier der Frevelthat gefolgt. Zum Theil bei einzelnen Brandstiftern schon auf dem Fuße.

Als die Stadt noch im Feuer stand, aber von den Rebellen längst verlassen war, brachten Bürger einen, den Rebellenmajor Bowen, als Gefangenen ein und führten ihn auf den Marktplatz. Der Mann war einer der brutalsten Brandstifter und Plünderer. Im Plündern begriffen, war er von den Uebrigen ab- und in den Südtheil der Stadt hineingerathen, wo er das Diebsgeschäft auf's Erfolgreichste trieb. Ganz der Raublust hingegeben war er auch noch, als seine Kameraden die brennende Stadt schon verlassen hatten. So fanden und faßten ihn einige Bürger. Dem Rebellen, der sich plötzlich von seinen Gesellen im Stich gelassen und den Händen einer grausam mißhandelten Bürgerschaft überliefert sah, wurde es schwül zu Muthe. Er jammerte und flehte, als ein Pistol von hier, das andere von dort auf ihn gefeuert wurde, sein Leben zu schonen. Aber die Stadt stand noch überall in Flammen; er hatte an der Barbarei mitgeholfen und gegen wehrlose Bürger keine Barmherzigkeit gezeigt. Wie konnte der Unbarmherzige erwarten, daß ihm Bürger, deren Blut in den Adern kochte, Barmherzigkeit widerfahren lassen würden? Der Anblick des Gefangenen rief alle bitteren Gefühle gegen die barbarischen Feinde wach. Major Austin, ein Bürger, der eben im Brande mehrere Häuser verlor, feuerte auf den Gefangenen seine Pistole ab. Der Rebelle war im Gesicht verwundet, aber nicht getödtet. In Todesangst stürzt er in den Keller eines brennenden Hauses hinein. Auch von dort aus fleht er, vom Blut seiner Wunde triefend um sein Leben. Doch umsonst. Als ihn die zunehmende Gluth der herabfallenden, brennenden Balken aus seinem Verstecke trieb, machten fünf Kugeln seinem Leben rasch ein Ende. Man glaubte Anfangs, man habe die Welt von Harry Gilmore befreit. Als man ihn aber des andern Tages ausgrub und seine Kleider durchsuchte, fand man, daß er Bowen hieß und zum achten virginischen Cavallerieregiment gehörte. Er wurde schließlich dem Bahnhof gegenüber, bei Falling Spring beerdigt. Der Mann hat alsbald büßen müssen für das, was er und Andere gethan.

Auch noch ein zweiter Rebellenoffizier büßte den Frevel mit dem Leben. Es war Capitän Cochran, Quartiermeister des 11. virginischen Cavallerieregiments. Ihn nahm Herr Thomas H. Doyle von Loudon in der Nähe

### Die Zerstörung der Stadt Chambersburg.

von St. Thomas gefangen. Dieser Mann war den Rebellen nachgeritten, um Nachzügler abzufangen. Der Rebelle war wohlbewaffnet, aber Herr Doyle kam so unversehens über ihn, daß er von seinen Waffen keinen Gebrauch machen konnte. Auch er bat flehentlich um sein Leben, aber Herr Doyle gab ihm nur 15 Minuten Zeit, damit er seine Seele der Barmherzigkeit Gottes betend empfehle, dann schoß er ihn todt. In den Taschen des Todten fand er 815 Dollar in Grünbäcks und 1750 Dollar in werthlosem Rebellenpapiergeld. Die Grünbäcks zeigten, wie erfolgreich er in Chambersburg mitgeplündert hatte. Schwerdt und Pistolen des Rebellen brachte Herr Doyle nach Chambersburg.

Aber noch mehr Rebellen erreichte die Nemesis, als nun am Nachmittage Averill mit seiner Reiterei den Feinden nachsetzte. Zwar hatten sie einen guten Vorsprung und waren bereits jenseits der westlichen Berge in McConnelsburg, als Averill Chambersburg verließ. Am nächsten Morgen aber traf Averill auf ihre Vorposten und drängte ihre Nachhut nach Süden. Fünfzehn Nachzügler, die seine Leute auffingen, wurden auf einer Wiese in Reih und Glied gestellt und erschossen. Die Hauptmacht der Rebellen aber entkam bei Hancock über den Potomac. Averill's Leute waren erschöpft, sie bedurften der Erholung. Nachdem sie diese genossen hatten, setzte auch Averill nach Virginien hinüber, griff am 7. August bei Tagesanbruch McCausland bei Moorefield an und schlug ihn entscheidend. 420 Rebellen mit 400 Pferden, die ganze Artillerie des Feindes und acht Fahnen fielen dem Sieger in die Hände. Auch Bradley Johnson wurde gefangen, wußte aber während der Nacht zu entkommen. McCausland und seine zersprengten Reiter retteten sich in's Gebirge.

Schon nach dieser Niederlage bei Moorefield war von den drei Tausend Rebellen, die Chambersburg zerstörten, wohl der dritte Theil nicht mehr im aktiven Dienst, sondern entweder im Grabe oder gefangen. Wie Viele oder wie Wenige aber von ihnen jetzt noch am Leben sind, das weiß Gott allein. Es läßt sich als wahrscheinlich annehmen, daß ihre Zahl nicht groß ist.

Als Tilly im Jahre 1631 die deutsche Stadt M a g d e b u r g zerstörte und dabei 30,000 Menschen umkommen ließ, wich das Kriegsglück von ihm. Vorher fast immer siegreich und daher wie ein Kriegsgott, der den Sieg an seine Fahnen gefesselt hat, gefürchtet, mußte er es noch desselbigen Jahres erleben, daß ihm sein Siegeskranz vom Haupte gerissen und der Wahn seiner Unbesieglichkeit arg zerstört wurde. Am 7. September 1631 ward Tilly bei Breitenfelde vom Schwedenkönig Gustav Adolf entscheidend geschlagen, ward in Baiern im folgenden Jahre gedrängt und auf's Neue besiegt, und starb 1632 zu Ingolstadt an seinen Wunden. Die Zerstörung Magdeburgs hat Tilly wie ein böser Dämon verfolgt und ihn von einer Stufe seines Ruhmes zur andern herabgestürzt.

Ist es nicht ganz ähnlich dem Manne ergangen, der den Befehl, Chambersburg niederzubrennen, erlassen hat: dem Rebellen-General Early? —
Nach der Zerstörung von Chambersburg ist er im Shenandoahthal dreimal nach einander geschlagen worden. Zuerst bei Winchester, wo seine Truppen, wie vom Wirbelwind gepeitscht, durch die Straßen der Stadt getrieben wurden. Als Early dann auf Fisher Hill seine Schaaren auf's Neue sammelte und eine feste Stellung auf Höhen einnahm, die er für uneinnehmbar hielt, griff ihn der Sieger von Winchester, Philipp Sheridan, auf's Neue an, stürmte Fisher Hill und trieb den Feind in wilder Flucht vor sich her. Und derselbe tapfere Unions-Feldherr hat auch bei Cedar Creek im Shenandoahthale, als schon die Schlacht verloren schien, die Schlachtordnung des Unionsheeres hergestellt, Early zum dritten Male geschlagen und ihm unter Anderm 50 Kanonen abgenommen. Schönere, völligere Siege wurden in diesem Kriege nie errungen, als über diesen Feind, den Urheber des namenlosen Unglücks, das Tausende unschuldiger Menschen betroffen hat in Chambersburg. Ist's nicht auch, als ob das Kriegsglück dem Grausamen den Rücken gewandt habe und die Nemesis über ihn gekommen sei?

### 8. Schluß.

Da wir ein eigenes Kapitel über die „Nemesis" geschrieben, so denkt der Leser vielleicht, die ihrer Habe und Häuser beraubten Chambersburger dächten an nichts, als an Rache und Wiedervergeltung. Dem ist aber nicht so. Hören wir hier einen Chambersburger selbst.

Dr. Schneck schreibt Seite 40 seines Büchleins: „Kein Gefühl von Rache ist's, das unter uns herrscht. Gerade die am schwersten Getroffenen sind nicht nur selbst gegen jede Maßregel von Wiedervergeltung, sondern haben auch ihren Einfluß aufgeboten, um unsere Soldaten von der Ausführung ihrer Drohungen, die Stadt an den Feinden rächen zu wollen, abzuhalten. Ja, noch mehr, die Chambersburger haben eine Petition an die Regierung in Washington gerichtet und darin bringend gebeten, doch von jeder Wiedervergeltungsmaßregel abzustehen! Sie haben das gethan, weil sie Wiedervergeltung sowohl für sittlich unrecht, als auch für unklug halten."

Was sagt der geneigte Leser dazu? Ich denke, er wird sehen oder doch ahnen, daß in den Chambersburgern Funken vom Geiste Dessen lebendig sind, der gesagt hat: „Liebet eure Feinde, segnet, die euch fluchen, thut wohl Denen, die euch beleidigen und verfolgen." Und darüber wird sich der geneigte Leser, wenn er anders das Herz auf dem rechten Flecke hat, mit uns freuen und mit uns einstimmen, wenn wir der sich aus Asche und Trümmern langsam wieder erhebenden Stadt Chambersburg als Segenswort zum Schlusse zurufen:

„Holder Friede, Süße Eintracht, Weilet, weilet
Freundlich über dieser Stadt!
Mög' nie mehr der Tag erscheinen
Wo des rauhen Krieges Horden
Dieses stille Thal durchtoben;
Wo der Himmel,
Den des Abends sanfte Röthe
Lieblich malt,
Von der Dörfer, von der Städte
Wildem Brande schrecklich strahlt!"

# Verzeichniß der niedergebrannten Gebäude.

Hier folgt das von einer dazu bestimmten unparteiischen Committee angefertigte Verzeichniß von dem abgeschätzten Verluste der niedergebrannten Gebäulichkeiten. Die Abschätzung wird durchschnittlich als Eindrittheil unter dem wirklichen Geldwerth angesehen.

### Südseite der Marktstraße
(von Osten nach Westen zu).

| | |
|---|---:|
| Jakob Wolfkill — Zweistöckiges Haus, Holz und Backstein, | $700 |
| Patrick Campbell's Erben—Zweistöckiges Haus, Backstein, | 700 |
| P. McGaffigan — Zweistöckiges Haus, Block und Främ, | 600 |
| J. C. Austin—Großes zweistöckiges Backsteinhaus, neu, | 5000 |
| R. Austin — Zweistöckiges Backsteinhaus | 3000 |
| W. H. McDowell—Zweistöckiges Steinhaus und Backstein Stall, | 3000 |
| James M. Braun—Zweistöckiges Steinhaus und Backstein Stall, | 3300 |
| Jakob Sellers — Backstein Hotel, Stallung ꝛc. | 4000 |
| J. W. Douglas — Einstöckiges Främ, | 600 |
| Martin Braun—Främ und Blockgebäude, | 1000 |
| J. A. und J. C. Eyster — desgleichen, | 1000 |
| Mad. Jordan — Zweistöck. Backsteinhaus, groß, | 5000 |
| Lyman S. Clark — Zweistöckiges Främhaus und Stall, | 1200 |
| Calvin M. Duncan — Zweistöck. Backst. Haus und Stall, | 2000 |
| Dr. Ed. Culbertson—Zweistöck. Backst. Haus und stein. Stall, | 6000 |
| Mad. Bard — Zweistöck. Backst. Haus und Amtsstuben, | 6500 |
| D. Gehr und Fräul. Denny — 3 große Wohnhäuser und Druckerei des „Repository" | 5500 |
| Calvin M. Duncan — Dreistöck. (Fränklin) Hotel, 3 Wohnhäuser, große Stallung ꝛc , | 15000 |
| Aug. Duncan—Dreistöck. Backst. Haus, | 1500 |
| Henry Monks — desgl., | 1500 |
| Ed. Achenbach — desgl., | 1500 |
| Dr. Boyle — desgl., | 2000 |
| Fräul. Mary Gillan — desgl., | 1500 |
| Thom. J. Wright — desgl., | $1800 |
| S. F. Grünewald — Zweistöck. Backst. Haus und Stallung, | 3000 |
| M. H. McCulloch — desgl., | 2000 |
| Rev. A. K. Nelson — desgl., | 2000 |
| J. P. Culbertson — 3 Backstein Häuser, | 5000 |
| Mad. Ribble's Erben—Backstein Haus und Stallung, | 3500 |
| E. Finfrock — Wohnhaus und Stallung, | 2000 |
| Wilh. F. Eyster und Bruder — 2 Gebäude, Gießerei ꝛc., | 4000 |
| R. E. Tolbert — Backstein Haus und Stallung, | 2000 |
| Matth. Gillan's Erben — 2 dreistöck. Gebäude und Stallung, | 6000 |
| A. Fritz — Zweistöck. Backstein Haus, | 1000 |
| Mad. Fried. Schmidt — desgl., | 1200 |
| J. Burkhalter's Erben — desgl. und Stallung, | 2000 |
| H. Robinson — desgl., | 1200 |
| Jakob B. Miller — desgl., | 400 |
| John Biegly — 3 kleine Häuser, | 500 |
| Thom. Cook — 3 hölzerne do. | 600 |
| R. Pierce—Zweistöck. Haus, | 1000 |
| B. Wolf—Zweistöck. Främhaus, | 600 |
| Jos. M. Wolfkill — Zweistöck. Backst. Haus und 2 Hintergeb., | 2500 |
| Jakob Schäfer—Zweistöck.Backst. Haus, | 1000 |
| Richard Woods — desgl., | 800 |
| Joh. King — Blockwohnung, | 400 |
| Chr. Peißel — Zweist. Backstein Haus, | 500 |
| Mad. Elis. Stauffer — desgl., | 1800 |
| A. Banker — Wohnhaus, Werkstatt und Scheune, | 2000 |
| Mad. Butler — Haus und Stall, | 400 |
| Maria Rapp — Blockhaus, | 400 |
| J. Rill's Erben — Zweist. Backst. Front, | 500 |
| Josias Allen — Zweistöck. Backst. Haus, | 1000 |

## Der Brand von Chambersburg.

**Nordseite der Marktstraße**
(von Westen nach Norden zu).

| | |
|---|---:|
| Christian Stauth—Zweist. Block- und Främhaus, | $800 |
| Samuel Brandt—Zweist. Backst. Haus, | 800 |
| J. M. McDowell — Zweistöck. Hotel, Wohnhaus und Scheune, | 3500 |
| Dan. Trostel—Backst. Wohnhaus und Stallung, | 1500 |
| Mad. S. Radebach—Scheune ꝛc., | 800 |
| Mad. Joseph Chambers—Großes Wohnhaus und Scheune, | 5500 |
| G. W. Brewer — desgl., | 500 |
| Mad. Jakob Schmidt—Blockstallung, | 100 |
| Joh. Miller — Hotel, Scheune, Werkstätten, | 8000 |
| Joh. B. Koch — 4 Wohnhäuser, Gerberei, Stallung, ꝛc. | 5000 |
| Karl W. Eyster — 2 Mahlmühlen und Wohnhaus, | 15000 |
| Lambert u. Huber—Große Papiermühle, ꝛc. | 15000 |
| K. W. Eyster—Backst. Wohnung und Stallung, | 3000 |
| S. M. Schellito — desgl., | 1500 |
| James King — desgl. und Marmor Werkstatt, | 1200 |
| Peter Bruch — Dreistöck. Backst. Haus, neu, | 3000 |
| Joh. Roel—Dreistöck. Steinhaus, (früher Hotel), | 8000 |
| Courthaus — Dreistöck. Backstein, groß, | 45000 |
| Feuerspritzenhaus—Zweist. Backst. | 1000 |
| D. O. Gehr — Zweistöck. Backst. Haus und Scheune, | 500 |
| B. F. Nied — desgl., | 5000 |
| A. D. Kauffmann — desgl., | 4000 |
| Wittwe Joh. Göttman—2 Wohnhäuser, Stallung, ꝛc. | 5500 |
| Phil. Pfeiffer's Erben — Steine. Gebäude, (old Jail), als Kutschenfabrik benutzt, große Werkstätten, ꝛc. | 2600 |
| Thom. B. Kennedy — Großes Backst. Wohnhaus, | 8000 |
| Rev. B. S. Schneck—Zweistöck. Stein und Backst. Haus, | 3000 |
| L. Hummelsheim — Främhaus, | 600 |
| Sam. Etter — Zweistöck. Backst. Haus, | 3000 |
| N. Schlosser — Främhaus, | $1000 |
| Sebast. Eckert — Zweistöck. Stein und Backst. Haus, | 1000 |

**Westseite der Main-Str. zum Diamond** (von Norden nach Süden).

| | |
|---|---:|
| Benj. Chambers—Zweistöck. neues Backst. Wohnhaus, | 5000 |
| Wilh. G. Reed — desgl. und Stallung, | 5000 |
| Wittwe Cath. Schneider — desgl. | 3000 |
| Allen Smith — desgl. und Stallung, | 1600 |
| C. Fleck — desgl. und Stallung, | 1000 |
| J. Scofield — desgl. und Werkstatt, ꝛc. | 1600 |
| M. P. Welsch — desgl., | 2500 |
| Chr. Stauffer — desgl. u. Stall., | 3000 |
| Geo. Chambers—desgl. u. do. | 7000 |
| Geo. Chambers—Dreistöck. Gebäude, (Töchterschule), | 5000 |
| Geo. Chambers—Zweistöck. Gebäude, Amtsstube, ꝛc. | 2000 |
| And. J. Miller, sonst Denig's — Stein. Wohnhaus, | 4500 |
| James Watson — Backst. Wohnhaus und Laden, | 4500 |
| Rob. Austin—desgl. u. Laden, | 2500 |

**Ostseite der Main-Str.,**
vom Diamond nördlich zur King-Str.

| | |
|---|---:|
| Franklin Hall—Großes breist. Gebäude, | 20000 |
| Jakob Hofe u. Co.—Backst. Gebäude, Laden, Stallung, | 5500 |
| Dr. Langenheim—desgl. u. Stallung, | 3000 |
| Wittwe Montgomery (Hotel) — 3stöck. Backstein, Stallung | 9000 |
| Dan. Trostel (Hotel) — Mehrere Gebäude, Stallung ꝛc. | 7000 |
| Fräul. S. Chambers — Backst. und Stein. Häuser ꝛc. | 2500 |
| A. P. Frey — Wohnhaus, Kutschenfabrik, Stallung | 3000 |
| A. S. Holl — Backst. Haus | 2000 |
| Wittwe Geo. Göttman — desgl., Werkstatt ꝛc. | 1200 |

**Westseite der Main-Str.,** vom Diamond zur Washington-Str. südl.

| | |
|---|---:|
| Bankgebäude — mit Wohnhaus, Stallung ꝛc. | 8000 |
| Mad. Gilmore — Backst. Wohnhaus und Werkstätten | 5500 |

## Der Brand von Chambersburg.

| | |
|---|---|
| Jak. B. Miller — desgl. | $3000 |
| Dr. Richards — desgl., Stallung ꝛc. | 5500 |
| Chr. Burkhardt — Dreistöckiges Haus, Stallung ꝛc. | 4500 |
| J. M. Cooper — Zwei dreistöck. Häuser, Stallung ꝛc. | 15000 |
| James L. Black — Wohnhaus, Laden und Stallung | 5000 |
| Dr. J. Hamilton — Dreistöck. Wohnhaus und Stallung | 7000 |
| Joh. A. Grof — Werkstätte | 250 |
| Jak. Hutton — Dreistöck. Wohnhaus und 2 Hintergebäude | 4500 |
| J. McClintock — Wohnhaus, Werkstätte ꝛc. | 3500 |
| Lud. Schuhmacher—Wohnhaus ꝛc. | 4200 |
| Sam. Grünewald — 2 Wohnhäuser, Läden | 5500 |
| J. Allison Eyster — 2 Wohnhäuser | 6500 |
| Derselbe — Dreistöck. Wohnhäuser, Stallung | 5000 |
| Wilh. Heyser's Erben — 2 Wohnhäuser, Stallung | 5500 |
| Rev. S. R. Fischer — Backst. Stall | 500 |
| Geo. Lehner — Hölzerner Stall | 400 |
| G. Ludwig — Backst. Wohnhaus und 5 Hintergebäude | 7000 |
| C. F. Miller — Wohnhaus, Stallung ꝛc. | 4500 |
| Adam Wolf — Backst. u. Främehaus | 1200 |
| Joh. Forbes — Wohnhaus, Stallung | 2000 |
| Joh. Tittman — Wohnhaus u. Laden | 2000 |
| J. Deckelmayer — Wohnung u. Backhaus | 3000 |
| Sam. Ott — 2 Wohnhäuser u. Werkstatt | 4200 |
| B. Rabebach — Werkstatt u. Wohnhaus | 700 |
| **Ostseite der Main-Str.**, von Washington-Str. zum Diamond (nördl.) | |
| Fr. Spahr — Backst. Wohnhaus | 2500 |
| Fräul. Petrich — desgl. | 1500 |
| Joh. A. Lemeister — desgl. | 2500 |
| Aug. Reineman — desgl. | 1500 |
| S. R. Perry — desgl. | 2000 |
| David L. Taylor — Wohnhaus | 1500 |
| J. W. Taylor — (Hotel) Stallung ꝛc. | 7000 |
| G. Ludwig — Wohnhaus, Werkstatt und Stallung | $4000 |
| H. Hütz — Wohnhaus u. Stallung | 6500 |
| D. Reischer — Wohnhaus, Backhaus und Stallung | 4500 |
| Mich. Kuß — Wohnhaus und Stallung | 2500 |
| Isaak Hutton — desgl., Werkstatt und Stallung | 4000 |
| J. P. Culbertson — Werkstätten | 800 |
| Dr. J. Lambert — Wohnhaus und Stallung | 5500 |
| Wittwe R. Fischer — desgl. | 5000 |
| Wilh. Wallace — Dreistöck. Gebäude (Hotel) | 9000 |
| Dan. Reischer (sonst Fr. Schmidt's) Wohnhaus ꝛc. | 6000 |
| J. All. Eyster — (Nixon's Apotheke) Wohnhaus ꝛc. | 4500 |
| James Eyster — Wohnhaus, Stallung ꝛc. | 4500 |
| Gebrüder Eyster — Wohnung, Waarenlagergebäude | 15500 |
| Brandt u. Fleck — Stein- und Backst. Haus ꝛc. | 6500 |
| A. J. White — desgl. | 4500 |
| Hiram White — Neues dreistöck. Backst. Haus ꝛc. | 7500 |
| Joh. Jeffries — Wohnhaus und Stallung | 3000 |
| Ab. B. Hamilton — Mehrere Gebäude, Stallung ꝛc. | 6000 |
| Druckanstalt der Reform. Kirche — Dreistöck. Backst. Gebäude, großes Hintergebäude, Miethstall ꝛc. | 10000 |
| Akademie — großes dreistöckiges Gebäude | 4000 |
| **Queen-Str., Südseite** (von Ost nach West). | |
| J. W. Reges — Zweistöck. (Ed.) Wohnhaus, Laden | 3000 |
| Wilh. Cunningham — desgl. u. Fruchtlager | 3000 |
| Joh. Moll — desgl. | 2000 |
| J. T. Hoskinson — desgl. | 2000 |
| Jakob Flinder — 2 Främehäuser und Stallung | 1500 |
| W. Wallace — Backst. Wohnhaus (ehed. Reilly's) | 4000 |
| Wittwe Joh. Lindsay — desgl. | 2500 |
| Bernhard Wolff — Zwei Häuser, Waarenlager, Stallung ꝛc. | 7500 |

J. Al. Eyster — Backst. (Ed.-)
Haus (Apotheke) $2200
Wittwe Blood — Wohnhaus 1800
Wittwe Clark — desgl. 1800
Wittwe Fischer — desgl. 2000
Wittwe Stevenson — Zwei Wohnhäuser 2000
Joh. D. Grier — Wohnhaus u. andere Gebäude 4500
Wittwe Nixon — Wohnhaus 1800
Robert Davis — desgl. 2000
Joh. Cree — desgl. 2500
Sam. Meyers — desgl. und zwei Hintergebäude 3200
Wittwe Porter Thompson—Block-Wohnhaus 600
Wittwe Geo. S. Eyster — Backst. Wohnhaus 2500
And. Banker — Blockwohnhaus und Nebengebäude 1500

**Queen-Str., Nordseite** (von West nach Ost).

Huber u. Comp. — Eisen- und Stahlgeschirr-Fabrik 2c. 4100
Die Bethelkirche (sog. Weinbrennerianer) 3000
Aug. Reineman — Mehrere Werkstätten 1000
G. Ludwig — Bierbrauerei-Gebäude 2c. 8000
Wittwe Wil. Grof — Wohnhaus, Rauchhaus 2c. 1500
Thom. Carlisle — Backst. Haus und Framehaus 3000
Kinblein's Erben — desgl. und ein Blockwohnhaus 4000
Wittwe Alex. Grof — desgl. und Stallung 1200
Joh. Huber — desgl. 3000
Abr. Huber — desgl. 2000
Heinr. Sierer — desgl., Waarenlagergeb. und Stallung 3000
Thom. Carlisle — desgl. 2500
W. Wallace — 3 dreistöck. (neue) Wohnhäuser 2c. 8000
Nik. Schneider — Backst. Wohnhaus, Stallung 2500

Dr. S. D. Culbertson — desgl. $4000
Joh. P. Culbertson — desgl. 4500
Wittwe Sam. Brand — nur theilweise beschädigt.

**Zweite Str.** (von Nord nach Süd).

Heinr. Pfeiffer — Neue zweistöck. Werkstätte und Stallung 1900
Kirche der Seceders — (seit 3 Jahren ein Militärlager) 3000
Benj. Roths — Zwei Wohnhäuser 1200
J. Al. Eyster — Werkstatt 100
Karl Kraft — Blockwohnhaus 800
J. P. Kieffer — Backst. Wohnhaus 1500
Joh. Riesner — Backhaus 150
Jak. S. Braun's (sonst Brandt's) Hotel (blos theilweise) 500
Joh. Döbler — Backst. Wohnhaus 2000
Holmes Crawford — desgl. 3000
Sam. F. Armstrong — desgl. u. Stallung 4000

**Wasser-Str., Franklin-Str. und Wolfstown.**

Geo. Kindlein — Wagner- und Schmiede-Werkstatt nebst Stall. 800
Martin Kohl — Backst. u. Block-Wohnhaus 1500
Phil. Evans — Backst. Wohnhaus 1200
Dr. A. H. Sensenich — Zwei Block Wohnungen 200
Nik. Uglow — Drei desgl. 250
Wittwe Palmer — Stall 150
Nik. Gerwig — desgl. 100
Heinr. Grünewald — desgl. 300
Jakob Ebb (vor der Stadt) — Große Scheune 2500
And. McElwane — desgl., Wohnhaus 400

**King-Str., gegen die Creek zu.**

Geo. Chambers — Drei Backst. Häuser 2500
Upton Waschebach — Wohnhaus, Brauerei, Stallung 8000
Conr. Herman — Wohnhaus, Metzgerschop, Stallung 800
Col. McClure — Großes Wohnhaus und Scheune 9500

## Der Verlust an persönlichem Eigenthum.

Folgende Angaben erstrecken sich bei Weitem nicht auf alle Familien, welche Verluste erlitten haben, theils weil von Manchen keine Eingaben gemacht wurden, theils weil Andere die Stadt nach dem Brande verlassen hatten. — Die mit einem * Bezeichneten haben zugleich Wohnhäuser u. dergl. verloren, obschon diese Bezeichnung sehr unvollkommen ist.

| Name | $ | | Name | $ | |
|---|---:|---:|---|---:|---:|
| Johann Pickel | 329 | 70 | Frau Louis Burkhardt | 165 | 75 |
| Jak. Vance | 226 | 30 | Anna und Elisab. J. Clark | 1147 | 49 |
| Wittwe Reb. Fischer * | 1404 | 71 | Jos. Bauman | 154 | 85 |
| Joh. Wicht | 271 | 75 | Wilh. Hutton | 1000 | — |
| Georg Schmidt (Schuhl.) | 4110 | — | J. R. Shellito | 179 | 14 |
| P. P. Fuchs | 534 | — | Christ. Burkhardt * | 899 | 50 |
| J. W. Fletscher | 1194 | 48 | Elisab. Schmidt | 80 | — |
| Sarah A. Stuart | 380 | — | Susanna Biggs | 73 | 25 |
| Heinr. Schweizer | 265 | — | Wilh. H. Rea | 201 | 35 |
| Aler. Martin (Brauereigeräthe) | 2663 | 85 | Thom. Carlisle * | 3222 | 75 |
| Elisab. Roth | 29 | 50 | Andreas Müh | 897 | 75 |
| Elisab. Dunkinson | 104 | — | Joseph M. Wolfill * (Kaufmannsgüter) | 1443 | — |
| Joh. J. Heckman | 400 | — | Joh. Frischkorn | 184 | 82 |
| Fräul. Sus. B. Chambers * | 1080 | — | H. S. Schäde | 46 | 25 |
| M. M. Grof | 1629 | 95 | Jak. Henninger | 617 | 30 |
| C. A. Heck | 334 | — | David Huber * | 1809 | 75 |
| Wittwe McKnight | 615 | — | Wittwe Joh. Göttman und Sohn * | 3089 | 62 |
| L. H. Eberly | 75 | 47 | Sam. M. Armstrong * | 1362 | 42 |
| W. T. Matthews | 1745 | 75 | Martin Kohl * | 184 | 65 |
| M. J. Barnitz | 954 | 83 | Elise Cosgrove | 98 | — |
| Wittwe Blood u. E. Purviance * | 1012 | — | David W. Großman | 889 | 89 |
| M. P. Welsch * | 1058 | 40 | W. McGlenegan | 379 | — |
| Joh. W. Taylor * | 3571 | — | Charlotte Ringel | 412 | 20 |
| G. W. Bitner | 77 | 50 | Emma McPherson | 75 | 50 |
| Anna Miller | 337 | 95 | F. G. Dittmann * | 4086 | — |
| Georg Rodgers | 500 | — | Jerem. Cool | 425 | — |
| Lyman S. Clark * | 906 | — | Allen Smith * | 1603 | — |
| Joh. Reily | 3464 | 82 | Jak. Spängler (Apotheker) | 2500 | — |
| Jas. M. Braun * | 3161 | 50 | Peter Frey * | 2040 | 15 |
| Rev. J. R. Agnew | 170 | 50 | G. W. Stenger | 1118 | 27 |
| And. J. Miller * (Apotheke und Möbeln) | 4950 | — | Benj. Buck | 562 | 63 |
| And. Elder | 975 | 25 | Kath. King | 220 | 03 |
| T. L. Fletscher | 350 | — | Isabella Butler * | 177 | 25 |
| Joh. W. Braun | 95 | 50 | Heinr. Embich | 1133 | 20 |
| Maria Rapp * | 79 | 50 | H. Embich u. Sohn | 695 | 00 |
| Dr. J. K. Ried | 3711 | 85 | B. T. Fellows | 474 | 60 |
| Abr. D. Kaufman * | 2104 | 50 | Dr. Eb. Culbertson * | 2327 | 42 |
| David Oaks | 2478 | 75 | Samuel Ott * | 2162 | — |
| Wittwe Campbell's Enkel | 1377 | — | A. J. Eifer | 52 | 50 |
| Georg H. Curfman | 915 | — | D. M. Eiler | 267 | — |
| Wittwe Anna Jordan * | 3106 | — | Sophia E. Herschberger | 530 | — |
| Anna M. Burns | 377 | 50 | W. F. Eyster u. Bruder * (Kaufladen) | 8173 | — |
| Joh. Biegly * | 440 | 50 | | | |
| Hugh B. Davidson | 488 | 60 | | | |

## Der Brand von Chambersburg.

| | | | |
|---|---:|---|---:|
| Jakob S. Braun * | $243 — | M. A. Folz | $375 50 |
| F. T. Hackenberry | 947 38 | Wittwe F. L. Culbertson | 466 10 |
| Wittwe Jane Fohl | 708 30 | Sarah Hoskinson * | 1687 15 |
| Wittwe Sarah E. Eyster * | 1285 20 | J. F. Seibert | 828 37 |
| Wittwe Joseph Chambers * | 4 27 62 | Joh. K. Schreyock | 3000 — |
| A. McElvain * | 665 — | A. J. Schnebly | 221 95 |
| K. Shannon Taylor | 120 — | Adam Diehl | 562 30 |
| J. H. Dittmann * (Specereihändler) | 5480 25 | Harriet Embich | 351 25 |
| Christ. Eyster | 90 — | Gottlieb Pfund | 134 50 |
| Wittwe Georg Göttmann * | 720 — | Wittwe Thom. M. Carlisle * | 1070 12 |
| E. E. Eyster * | 422 75 | Christian Remp | 141 50 |
| Wittwe Sophia Ludwig * | 697 — | Jakob Schneider | 409 65 |
| E. W. Jacobs | 818 57 | Wilh. M. Noll | 556 85 |
| S. M. Shellito * | 1361 — | Konrad Müller (Schum.Laden) | 250 — |
| Rebecca Bechtel | 103 — | B. B. Henschey | 529 90 |
| Sarah A. Reynolds | 199 — | Burkhardt u. Henschey* (Lab.) | 5354 27 |
| S. H. Ely | 73 — | W. Zimmermann | 1660 — |
| Blair F. Gilmore | 73 80 | W. G. Mitschell (Laden) | 1422 35 |
| Alex. Fritz * | 1117 21 | Wittwe L. Denig * | 1318 82 |
| R. Schneider * | 168 90 | S. S. Schreyock (Buchladen) | 12875 — |
| Margarethe Sensenich | 198 — | P. Gruß | 201 25 |
| Henriette Reidenbach | 47 — | Konrad Hermann * | 100 25 |
| Rebecca L. Folz | 216 — | A. S. Holl * | 979 77 |
| J. McCurdy | 77 — | Maria Flinder * | 101 85 |
| Ludwig W. May | 56 — | Cath. J. Flinder * | 432 80 |
| Joh. Miller | 204 — | Sam. F. Grünewald * (Lab.) | 6214 50 |
| Geo. W. Brewer * | 5905 — | Rob. S. Davis | 2676 50 |
| Margarethe Orem | 85 — | Wittwe Sarah Stauffer * | 650 — |
| Geo. R. Messerschmidt | 3496 — | James L. Black | 3938 — |
| Joh. Huber * | 889 25 | Nath. P. Pierse * | 1437 — |
| Alex. Grof's Erben * | 785 25 | Jer. Miller | 541 75 |
| Geo. Stork | 26 82 | E. D. Ried (Laden) * | 2112 70 |
| Sarah Fleischer | 193 75 | J. Rothermer | 295 — |
| Johann Niel | 106 25 | Wittwe Elisab. Achenbach * | 285 05 |
| Fräul. Mary Gillan * | 1474 — | Wilh. S. Stinger | 1300 25 |
| William Wallace * | 3056 21 | Elise Ried | 111 47 |
| Caroline Rape | 33 10 | Joh. Berger * | 446 05 |
| M. Fellheimer | 1221 30 | T. McDowell | 54 — |
| Wilh. Huber * | 580 75 | H. Gehr | 2745 — |
| Maria M. Schumacher | 1858 77 | W. Gelwicks * | 1900 — |
| Fried. Spahr * | 811 — | Jak. S. Maurer * | 180 — |
| Louis Schumacher * | 800 — | Cath. A. Hamilton * | 3000 — |
| E. W. Hensell | 120 68 | Sarah L. Dechert | 515 — |
| D. S. Fahnestock u. Sohn | 962 58 | David Davis | 289 66 |
| M. Grünewald | 1486 — | Phil. Evans * | 586 30 |
| C. Minnich | 334 83 | Brandt u. Fleck (Eisenhdl.) * | 15150 — |
| Benj. Zercher | 313 — | Dan. Waschebach | 450 37 |
| Joh. Riesner | 326 45 | Rich. Woods * | 867 50 |
| Joseph Deckelmeyer | 1822 75 | James Rea | 355 — |
| S. M. Royston | 800 — | C. H. Busch (Tabakhandel) | 3249 60 |
| H. J. Lochheim | 1957 83 | E. E. Grof * | 1479 10 |
| David Eby | 3681 11 | P. Hamman | 478 25 |

## Der Brand von Chambersburg.

| | | |
|---|---:|---:|
| B. J. Hamscher u. Co. (Druckerei) | $4000 | — |
| H. C. Keyser | 658 | 75 |
| Benj. Duke | 117 | 50 |
| James King * | 917 | 75 |
| C. H. Gordon (Sattler) | 1515 | 30 |
| Sam. Etter * | 827 | — |
| Wittwe M. Schwarz | 293 | 75 |
| Emma Cook * | 1087 | 25 |
| Dan. Miller * | 10 5 | 45 |
| J. W. Reges * | 842 | 51 |
| Joh. A. Lemeister * | 1341 | — |
| Wil. H. McDowell * | 1319 | 52 |
| J. A. Jacobs | 1394 | 86 |
| W. H. Cunningham * | 1500 | — |
| Henriette Herschberger | 273 | 22 |
| Martin Braun * | 1015 | 92 |
| Miller u. Schuman | 67 | 50 |
| Marion Elliott | 35 | — |
| J. C. Austin * | 4387 | 30 |
| R. Austin * | 160 | — |
| P. Feldman (Schuhladen) * | 1616 | 70 |
| Joh. F. Kraft | 153 | 50 |
| W. R. Sechrist | 550 | 50 |
| Melinda E. Bechtel | 93 | 25 |
| Huber u. Lemeister (Specerl.) | 10702 | 50 |
| W. W. Parton | 175 | — |
| Nikol. Schneider * | 1203 | 25 |
| Jak. Hutton * | 3256 | 40 |
| J. D. Jacobs (Tabakhdl.) | 16193 | — |
| P. McGaffigan * | 110 | 25 |
| Anna McKesson * | 366 | 75 |
| Fräul. B. Buchannan | 1339 | 25 |
| Geo. Kindlein * | 1929 | 25 |
| Imman. Flegel | 497 | — |
| Karl Brinkman | 43 | 90 |
| J. S. Crämer | 2870 | — |
| Wittwe Maria S. Liggett | 633 | — |
| Revd. Dr. S. R. Fischer | 155 | — |
| Reformirte Druckerei, Bücher, Pressen, Papier rc. * | 27755 | 16 |
| Elisab. Bovard | 51 | — |
| Joh. Braun | 553 | — |
| Geo. Bruner * | 843 | 36 |
| Jos. Stauffer * | 230 | — |
| Joh. Schofield * | 5276 | 38 |
| Revd. B. S. Schneck * | 3265 | — |
| Joh. Cree * | 8430 | — |
| Joh. M. Cooper * | 1934 | — |
| Wittwe L. W. Douglas | 335 | 60 |
| J. W. Douglas | 274 | 50 |
| Dan. Frostel * | 12998 | 37 |
| S. M. Perry * | 1317 | 23 |
| Pfeiffer u. Foltz (Kutschenlager) * | $7890 | — |
| Jos. P. McClintock | 107 | — |
| Isaak Stein (Specereihdl.) | 11063 | 73 |
| Fräul. McClellan (Putzmach.) | 2100 | — |
| James B. Gillan (Sattlerei) | 2653 | 85 |
| Geschwister Kindlein * | 1991 | 50 |
| Mathilde Miller | 400 | 75 |
| Jakob Hoke * | 2016 | 30 |
| H. Sterer (Cabinetlager) * | 7676 | 10 |
| J. S. Brand * | 1593 | 75 |
| Joh. McClintock * | 955 | 80 |
| Joh. McClintock u. Sohn (Hutfabrik) | 1864 | — |
| C. N. Jacob | 89 | 25 |
| H. B. Winton | 2100 | 33 |
| W. C. McAnulty (Hotel-Möb.) | 9790 | 50 |
| Susanna Davis | 318 | 88 |
| Georg Gruß | 769 | 50 |
| F. Haushalter * | 173 | 87 |
| J. E. Scofield (Specerei) | 2274 | 41 |
| J. Hoke u. Co. * | 529 | 50 |
| Roths u. Keyler * | 608 | 40 |
| Joh. Fischer (Gastwirth) * | 8785 | — |
| Joh. Miller (desgl.) * | 4335 | 12 |
| Fräul. Kindlein * | 1091 | — |
| Revd. Dan. Feete | 225 | — |
| Isaak Hutton * | 4875 | 86 |
| A. J. u. H. M. White (Kleiderlager) | 15885 | 25 |
| Elisab. Grof * | 131 | — |
| And. J. White * | 2261 | 90 |
| Wittwe Elisab. White | 216 | 05 |
| Theresa Dillman | 15 | 00 |
| H. M. White * | 2104 | 46 |
| David Little | 1222 | 77 |
| Ab. Huber * | 834 | |
| Joh. D. Ayres | 857 | 09 |
| Sarah Oyler | 25 | 50 |
| Rob. M. Early | 328 | 60 |
| Christian Stauth * | 207 | — |
| Jos. Klein | 95 | — |
| J. M. Gelwicks | 52 | 25 |
| Alex. Fahnestock | 219 | 90 |
| Margaretha Zimmers | 30 | — |
| Barbara E. Treitel | 16 | 50 |
| Elias Jones | 125 | — |
| James C. Eyster * | 5297 | 05 |
| Caroline Schneider | 84 | 10 |
| Amalia H. Schmidt | 635 | 44 |
| C. S. Radebach | 89 | — |
| Wittwe Joh. Lindsay * | 3670 | 50 |
| J. R. Orr | 574 | 25 |

## Der Brand von Chambersburg.

| | | | |
|---|---:|---|---:|
| E. W. Wallace * | $253 — | Isaak Steel | $124 50 |
| Alice E. Smith | 500 — | Maria Wetstone | 172 — |
| Sarah Ober | 119 60 | Margarethe Kell | 285 25 |
| Charles H. Taylor | 420 — | T. Jeff. Nill * | 1000 — |
| J. S. McElvaine * | 575 — | P. Hamman | 453 80 |
| Chr. S. Eyster | 917 — | Cyrus Sprecher | 111 50 |
| James McGeehen | 131 50 | Maria E. Houghton | 263 — |
| Joh. P. Culbertson * | 3302 — | Margarethe Miller | 32 75 |
| J. L. Dechert | 1050 68 | J. A. Wolfinger | 50 — |
| Joh. Gelwicks | 140 — | G. Parvin | 86 50 |
| J. F. Frey | 582 57 | R. Lewis | 97 57 |
| Geo. Ludwig * | 6688 85 | Joh. A. Bruch | 292 — |
| E. J. Patterson | 15 — | G. W. Hägy | 250 — |
| Margarethe Eyster * | 734 50 | H. Bischop (Photogr.-Lager) | 4261 71 |
| Fräul. Nanette Little | 1803 50 | Susanna Bruch * | 2489 45 |
| C. L. Porter | 250 — | Caroline Morgan | 48 25 |
| Margarethe Dutton | 872 — | Louise Nelson | 48 — |
| Wittwe Elis. L. Barb * | 5091 — | Margarethe Harper | 87 — |
| H. C. Mason | 46 50 | Wittwe Grier | 25 — |
| Dr. T. Carnahan | 1800 — | Wittwe Keyser | 582 57 |
| Susanna C. Roth | 34 70 | W. B. Gilmore | 174 25 |
| Richard Cook | 360 — | D. L. Taylor * | 1600 — |
| Jakob Eby * | 100 — | Cath. Johnston | 56 50 |
| Col. A. K. McClure * | 9800 — | Hannah Davis | 21 50 |
| Helena Heil | 166 — | Nancy Nerris | 53 75 |
| Hein. Monks * | 120 15 | Mary Ann Reily | 30 — |
| K. S. Montgomery | 171 95 | Wittwe A. Hasson | 41 — |
| Wittwe M. Montgomery * | 51 — | Miller u. Hamilton * | 10000 — |
| Lud. F. Heck | 54 — | Bernardt Wolff * | 2502 50 |
| Noah Schlosser * | 398 80 | Ab. B. Hamilton * | 2673 25 |
| James G. Elder | 1185 50 | Christine Eckert * | 291 81 |
| Eva Schäfer | 28 75 | Margar. Langenheim * | 1539 95 |
| W. Wallace u. Co. (Kaufmansg.) * | 8867 27 | D. Heldler | 971 75 |
| | | Isaak Craig | 35 — |
| Karl W. Eyster (Frucht, Mehl ic.) * | 7900 — | C. R. Pelsel * | 397 46 |
| | | Cath. Schneider * | 883 72 |
| G. Aug. Eyster | 14 75 | J. M. Gilmore | 152 90 |
| Lucy E. Ritterhaus * | 123 26 | Wittwe M. K. Gilmore * | 1314 75 |
| P. Brunner | 58 — | Wittwe S. T. Nixon * | 538 75 |
| Sarah A. Hauser | 113 — | Joh. Jeffries * | 3257 — |
| August Duncan | 284 — | Geo. Foreman | 556 77 |
| J. R. Hutton u. Br. (Schuhl.) | 1633 60 | J. B. Lerch | 20 — |
| Nanette Winger | 60 — | D. Wolff (Metzger) * | 586 87 |
| Cath. Foltz | 486 10 | A. H. McCulloch * | 1860 55 |
| Jas. u. G. Watson * | 3276 — | Fr. Bietsch | 150 — |
| Wittwe Wilh. Heyser * | 5900 — | S. G. Lightcap | 389 50 |
| Cath. Murray | 28 85 | J. P. Kieffer * | 1075 25 |
| Sarah J. Ziegler | 40 — | Frankl. Schneider | 152 24 |
| R. B. Ward * | 905 — | Jakob Heid | 152 50 |
| Dan. London | 126 75 | C. C. Foltz | 1006 — |
| Chr. Anderson | 71 — | Adam Wolff * | 961 33 |
| J. T. Hoskinson * | 731 — | Lavinia Willard | 78 80 |
| Joh. Stuart | 1654 — | Marg. Hummelsheim * | 563 15 |

## Der Brand von Chambersburg.

| | | | | |
|---|---|---|---|---|
| Elisab. Finfrock * | $3281 — | Clara B. Cool | $35 — |
| W. S. Everett * | 2036 25 | Anna Cool | 769 — |
| F. Eliott (Kleiderladen) | 4590 — | Chr. Stauffer (Maschinist) * | 2104 45 |
| Joseph Eckart | 238 25 | Eyster U. Stauffer * | 340 — |
| Joh. B. Koch (Gerber) * | 4922 — | Susanna Stahl | 20 — |
| Wittwe Hollinger | 273 — | Cath. Stauffer | 22 — |
| Wilh. Cool | 130 — | W. Hesselfinger | 14 50 |
| M. Ruß * | 3546 — | Joh. Burkhalter's Erben * | 40 — |
| A. Banker * | 1705 82 | J. A. Grof (Marmor-Etabl.) | 10878 67 |
| Joh. Döbler | 872 — | Joh. Robison * | 95 50 |
| J. F. Schneider | 900 90 | Ed. Achenbach (Juwelier- | |
| Joh. F. Kraft | 405 25 | Etabl.) * | 12143 — |
| Jakob Coover | 748 22 | Cath. Phenicie | 188 — |
| Elmira Grof * | 2802 — | Jerem. Eyster | 90 — |
| Charlotte Davis | 326 94 | H. H. Hütz (Kaufladen) * | 11526 15 |
| Wilh. Forbis | 214 50 | J. P. Müller | 76 42 |
| Sam. Cooper | 106 37 | Upt. Waschebach * | 4888 — |
| F. Wall In S. | 2907 85 | Fräul. Jul. A. Schneider | 251 — |
| Peter Ackermann | 605 — | Fräul. Anna M. Schneider | 332 50 |
| Tho. J. Wright | 3102 35 | Jakob Sellers * | 3696 10 |
| Caroline Hetrich * | 1044 71 | J. P. McClintock | 1125 — |
| Margar. McCune | 289 — | C. Fleck * | 1248 20 |
| Freimaurer Loge * | 889 50 | J. S. Nixon (Apotheke) | 5000 — |
| T. M. Lescher * | 407 — | Sam. Reisher * | 2356 — |
| Joh. Fischer | 950 — | Dan. S. Reisher * | 752 60 |
| Dr. J. R. Schnebly | 2461 80 | Chr. Roths | 42 50 |
| Revd. A. K. Nelson * | 1206 33 | Schäfer u. Stuart (Specereien.) | |
| W. C. Seibert | 649 25 | | 1662 — |
| Jakob Huber | 321 50 | Aug. F. Armstrong | 61 10 |
| Wittwe Reb. Kirby | 1301 — | Wittwe Stevenson * | 932 50 |
| Charlotte Schneider | 167 — | J. D. Grier * | 1839 20 |
| Dr. G. F. Platt | 1061 65 | G. D. Sellhamer | 845 30 |
| Revd. H. Reeves | 745 57 | Sarah Lane | 200 — |
| C. W. Kreßler | 1374 46 | Rob. Tolbert * | 1072 75 |
| Metcalf u. Heitschuh | 2021 50 | R. A. McClure | 600 — |
| Helfer u. Kreßler | 5812 — | Sam. M. Worley * | 1275 75 |
| Louise H. Douglas | 27 95 | H. S. Stoner | 2359 50 |
| Revd. H. Scheibly | 186 — | M. Ludwig | 821 — |
| L. W. Treitel u. Br. (Laden) | 3332 — | Geo. Lehner | 400 — |
| L. W. Treitel (Möbeln) | 1709 — | Joh. Noel * | 2246 95 |
| B. F. Nied * | 3187 95 | Wittwe Fanny Lindsay | 332 10 |
| Wittwe C. R. Duncan | 1055 28 | Wilhelmine Noel | 3263 — |
| Dan. O. Gehr * | 6381 75 | E. E. Boyd (Specereien) | 3500 — |
| Dr. J. Lambert * | 2625 — | McClure u. Stoner (Druckerei) | 7500 — |
| Lambert u. Huber * | 2800 — | Joh. C. Palmer | 64 — |
| J. R. Hutson | 150 29 | A. McCoy | 1031 75 |
| Josias Allen * | 832 98 | Maria Meyers | 93 50 |
| Wittwe Montgomery * | 5742 — | Calvin M. Duncan * | 2281 94 |
| Joh. Montgomery * | 2863 95 | Dr. W. H. Boyle | 3705 40 |
| Wittwe M. M. Eyster * | 1358 50 | Sarah M. Miller | 1030 50 |
| W. H. Hackenberry | 355 — | Wilh. G. Nied * | 4847 90 |
| W. Brooks | 20 — | Maria E. Melvin | 83 — |
| Wittwe C. S. Schmidt * | 476 — | Dr. J. C. Richards * | 9680 — |

| | | | |
|---|---|---|---|
| Sol. Allison | $1275 15 | Benj. Chambers (m) * | $4000 — |
| Jer. S. Eyster | 298 — | Holmes Crawford (m) * | 2000 — |
| Louise Mitschell | 566 25 | Thom. B. Kennedy (m) * | 5000 — |
| Elise Wolfill | 527 36 | Dr. S. R. Culbertson (m) * | 5000 — |
| C. F. Miller * | 734 75 | Joh. Geo. Wolff (m) | 2000 — |
| W. Jones | 275 90 | S. M. Linn (m) | 1500 — |
| Benj. Cook | 881 — | J. All. Eyster (m) * | 1000 — |
| D. L. Hoffman | 105 — | Margarethe Ells (m) | 250 — |
| Eyster u. Bruder (Kaufl.) * | 25165 50 | Rahel Wright | 150 — |
| Wilson Reily | 439 — | J. L. Whitehead | 750 — |
| Elise Moor | 23 50 | Joh. Walk | 200 — |
| Rahel Wright | 105 50 | Elise Wark | 300 — |
| Wilh. Bender | 450 — | Adam Schellhase (m) | 150 00 |
| Geo. Chambers (m) * | 7000 — | Anna Pauli (m) | 200 00 |

**Anmerkung.** Die eingegangenen Gaben wurden im Allgemeinen im Verhältniß der Verluste ausgetheilt. Die Bewilligung vom Staate wurde den mehr Bemittelten nicht zuerkannt, wie denn auch manche dieser Letztern den ihnen zuerkannten Theil entweder nicht annahmen oder an die Aermeren austheilten.

Vorstehendes Namensverzeichniß enthält lange nicht alle bei dem Brande Betroffenen, und von den blos Beraubten ist gar keine Angabe gemacht. Einige der zuletzt Genannten in dieser Liste sind mit (m) bezeichnet, und deutet an, daß die Angabe des Verlustes an persönlichem Eigenthum muthmaßlich ist, denn die Genannten, wie auch manche Andere, hatten selbst keine Angabe gemacht. Es fehlen wenigstens 200 Namen in diesem Verzeichniß.     B. S. S.